新兴市场企业创新战略
与竞争优势构建

徐晓援◎著

吉林出版集团股份有限公司
全国百佳图书出版单位

图书在版编目（CIP）数据

新兴市场企业创新战略与竞争优势构建 / 徐晓援著
. -- 长春：吉林出版集团股份有限公司，2024.4
ISBN 978-7-5731-4908-4

Ⅰ.①新… Ⅱ.①徐… Ⅲ.①企业创新－研究 Ⅳ.
①F273.1

中国国家版本馆CIP数据核字（2024）第083224号

XINXING SHICHANG QIYE CHUANGXIN ZHANLUE YU JINGZHENG YOUSHI GOUJIAN

新兴市场企业创新战略与竞争优势构建

著　　者	徐晓援
责任编辑	杨亚仙
装帧设计	清　风

出　　版	吉林出版集团股份有限公司
发　　行	吉林出版集团社科图书有限公司
地　　址	吉林省长春市南关区福祉大路5788号　邮编：130118
印　　刷	长春新华印刷集团有限公司
电　　话	0431-81629711（总编办）
抖 音 号	吉林出版集团社科图书有限公司37009026326

开　　本	720mm×1000mm　1/16
印　　张	11.75
字　　数	200千字
版　　次	2024年4月第1版
印　　次	2024年4月第1次印刷

书　　号	ISBN 978-7-5731-4908-4
定　　价	60.00元

如有印装质量问题，请与市场营销中心联系调换。0431-81629729

前　言

在全球化背景下，新兴市场企业逐渐成为推动世界经济增长的重要力量。这些企业凭借其独特的创新战略和竞争优势，不断拓展市场份额，提升品牌影响力。这些企业通常具备更加灵活的机制和更强的市场敏感性，能够快速响应市场需求变化。然而，新兴市场也带来了诸多挑战，如技术瓶颈、人才短缺、资金不足等。因此，如何制订并实施有效的创新战略，成为新兴市场企业面临的重要课题。

创新战略的制订需要基于企业自身的特点和市场环境。对于新兴市场企业而言，创新不仅仅是技术的突破，更是一种全方位的变革，包括产品创新、过程创新、组织创新和市场创新等多个方面。只有全面提升企业的创新能力，才能在激烈的市场竞争中脱颖而出。竞争优势的构建是一个复杂的过程，涉及品牌建设、资源获取、渠道拓展等多个方面。新兴市场企业需要充分发挥自身优势，如低成本、高效率、本土化等，同时不断弥补短板，提升整体竞争力。总之，企业竞争优势的构建是一个长期的过程，需要企业不断进行自我调整和创新。只有通过不断提升自身核心竞争力、不断创新、建立良好的品牌形象和市场信誉，以及与合作伙伴建立稳定的合作关系，才能实现可持续发展，维持竞争优势。

本书一共分为八章，主要以新兴市场企业创新战略为研究基点，介绍了新兴市场企业创新战略理论基础和新兴市场企业创新战略的制订与实施发展脉络，旨在为新兴市场企业竞争优势的构建过程研究提供更加广阔的发展空间。通过深入分析创新战略和竞争优势的构建过程，希望能够帮助新兴市场企业更好地应对挑战，从而实现可持续发展。同时，笔者也希望能激发更多的学者和企业界人士关注新兴市场企业的发展，共同推动全球经济的繁荣与进步。

徐晓援

2024年2月

目　　录

第一章　企业战略的内涵与过程

第一节　企业战略基本含义及流派

一、企业战略内涵

（一）企业战略核心

企业战略是企业根据环境变化，依据本身资源和实力选择适合的经营领域和产品，形成自己的核心竞争力，并通过差异化在竞争中取胜的策略。企业战略是设立远景目标并对实现目标的轨迹进行的总体性、指导性谋划，属于宏观管理范畴，具有指导性、全局性、长远性、竞争性、系统性、风险性六大主要特征。

企业战略的核心是形成自己的核心竞争力，这是企业在市场竞争中获得优势的关键。核心竞争力是指企业所拥有的独特资源和能力，这些资源和能力可以使企业在市场中获得竞争优势，并形成自己的特色和品牌。首先，核心竞争力是企业持久竞争优势的来源。在市场竞争日益激烈的今天，企业要想保持持久的竞争优势，就必须拥有自己的核心竞争力。其次，基于核心竞争力的企业战略是企业成功的关键。企业战略是企业发展的总纲领，基于核心竞争力的企业战略则是将核心竞争力贯穿于整个企业发展的全过程。通过制订和实施基于核心竞争力的企业战略，企业可以更好地发挥自己的优势和特长，实现资源的优化配置和高效利用。同时，基于核心竞争力的企业战略还可以帮助企业更好地应对市场变化和竞争挑战，实现可持续发展和成功。

那么，如何构建基于核心竞争力的企业战略呢？

1. 明确企业的核心竞争力是企业在市场竞争中取得优势的关键

一个企业的核心竞争力应该是在其所在领域中独一无二、不易被其他企业模仿的优势，能够为企业带来长期稳定的竞争优势和市场份额。首先，需要明确的是，企业的核心竞争力并不是一成不变的，它需要根据市场环境、客户需求、技术发展趋势等多个方面进行动态调整和更新。因此，要明确企业的核心竞争力，需要对市场和行业进行深入的分析和研究，了解当前市场的需求和未来的发展趋势，同时也要了解竞争对手的情况，以便更好地制订竞争策略。其次，企业的核心竞争力应该与其发展战略相符合。企业需要根据自己的发展战略来确定其核心竞争力，并围绕这一核心竞争力进行资源的配置和整合。例如，如果一个企业的战略是追求差异化竞争，那么其核心竞争力应该是创新能力和品牌影响力；如果一个企业的战略是追求成本领先，那么其核心竞争力应该是生产成本和效率。最后，明确企业的核心竞争力需要进行实践和验证。一个企业的核心竞争力需要在实践中得到检验和验证，只有在实际的市场竞争中取得优势，才能证明这个企业的核心竞争力是有效的。同时，也需要根据市场的反馈和企业的发展状况，不断对核心竞争力进行调整和完善，以保持其领先地位。

2. 制订科学合理的战略规划

核心竞争力不仅决定了企业在市场中的地位，而且直接影响了企业的盈利能力和发展空间。那么，如何明确企业的核心竞争力呢？这需要深入分析市场环境、客户需求和技术发展趋势等多个方面。首先，企业要对市场环境进行全面的了解。市场环境包括宏观经济环境、行业环境、竞争环境等。企业需要了解国家的政策导向、行业的市场规模、竞争对手的情况等，以便更好地把握市场的发展趋势和机遇。通过对市场环境的深入分析，企业可以发现自身的优势和劣势，进而明确核心竞争力。其次，企业要对客户需求进行深入的研究。客户需求是企业的生命线，只有了解客户的需求和偏好，才能更好地满足客户的要求，提高客户的满意度和忠诚度。企业可以通过市场调研、客户访谈等方式了解客户的需求和反馈，进而优化产品和服务，提高自身的核心竞争力。最后，企业要关注技术发展趋势。技术是推动企业发展的重要力量，只有紧跟技术发展的步伐，才能保持企业的竞争优势。企业要关注新兴技术的发展趋势，探索自身发展的新模式和新业态。通过引进先进的技术和管理经验，可以提高自身的生产效率和创新能力，进而提升自身的核心竞争力。

3. 优化资源配置和高效利用是企业必须采取的重要措施

企业的资源是有限的，包括人力、物力、财力等各个方面。为了最大化地发挥资源的效用，企业需要合理地配置和高效地利用这些资源。首先，企业需要将资源优先投入到核心业务和关键领域中。核心业务和关键领域是企业实现长期发展的关键，也是企业核心竞争力的重要组成部分。因此，企业需要加大对这些领域的投入，提高资源的利用效率，实现资源的最大化和最优化利用。同时，企业还需要不断优化业务流程和管理机制，提高生产效率和经营效益，进一步提升企业的核心竞争力。其次，企业需要积极探索新的商业模式和市场机会。随着市场的不断变化和竞争的加剧，企业需要不断创新和变革，拓展业务领域和市场范围。这需要企业具备敏锐的市场洞察力和创新精神，及时把握市场机遇，积极开拓新市场和新业务。同时，企业还需要加强与合作伙伴和客户的合作，共同开拓市场，实现互利共赢。最后，企业需要注重人才培养和团队建设。人才是企业最宝贵的资源之一，也是企业提升核心竞争力的关键因素。企业需要建立完善的人才培养和激励机制，吸引和留住优秀的人才，激发员工的创造力和积极性。同时，企业还需要加强团队建设，提高团队协作和执行力，共同推动企业的发展和进步。

4. 加强组织管理和文化建设

首先，组织管理是确保企业高效运转的关键。一个优秀的企业需要有明确的管理架构、科学的决策机制、完善的流程制度等。通过合理的组织结构，企业能够更好地整合资源、分配任务、提高运营效率。同时，有效的沟通机制和团队协作也是组织管理的重要组成部分。企业需要建立良好的沟通渠道，促进内部信息的流通，增强团队的协作能力。通过不断优化组织管理，企业能够更好地应对市场变化，提升核心竞争力。其次，企业文化是企业的灵魂，能够反映企业的核心价值观和行为准则。一个积极向上的企业文化能够激发员工的归属感和创造力，提高企业的凝聚力和向心力。企业需要建立独特且富有内涵的文化体系，包括使命、愿景、价值观等。通过企业文化的熏陶，员工能够更好地理解企业的战略目标和发展方向，从而更好地为企业的发展贡献力量。此外，加强文化建设也需要关注员工的发展和成长。企业需要提供良好的培训和晋升机会，帮助员工提升专业技能和素质。同时，企业还应该营造积极的工作氛围，鼓励员工发挥创新精神，为企业的成长提供源源不断的动力。

5. 持续创新和学习

基于核心竞争力的企业战略需要持续创新和学习。企业需要不断学习和探索新的技术和商业模式，积极适应市场的变化和发展趋势。同时，企业还需要不断进行组织变革和创新，提升自身的竞争力和创新能力。总之，基于核心竞争力的企业战略是企业发展的关键所在。只有拥有自己的核心竞争力，制订出科学合理的战略规划，才能实现企业的可持续发展和成功。因此，企业应该注重核心竞争力的培养和提升，不断优化资源配置和管理体系，加强企业文化建设和组织变革，以应对市场的变化和竞争挑战。同时，企业还应该积极探索新的商业模式和市场机会，不断拓展业务领域和市场范围，以保持持续的发展和竞争优势。

（二）企业战略的评估与调整

1. 企业战略的评估

（1）财务指标

财务指标是企业战略评估中的重要组成部分，是衡量企业经济效益的关键因素。通过对比战略实施前后的财务数据，可以对战略对企业经济效益的影响进行深入了解。

首先，利润指标是企业财务状况的重要体现。利润是企业收入与成本之间的差额，通过对比战略实施前后的利润数据，可以了解战略是否有助于提高企业的盈利能力。同时，企业还需要关注净利润、毛利率、净利率等关键指标，以便更全面地评估企业的盈利状况。

其次，收入指标是衡量企业经济效益的重要依据。收入是企业销售产品或提供服务的货币表现，通过对比战略实施前后的收入数据，可以了解战略是否有助于提高企业的市场份额和销售额。同时，企业还需要关注收入增长率、收入结构等指标，以便更深入地了解企业的市场表现和业务发展状况。成本是指企业为了生产和销售产品或提供服务所需要支付的各种费用。成本指标是影响企业经济效益的关键因素之一。通过对比战略实施前后的成本数据，可以了解战略是否有助于降低企业的成本和提高经营效率。企业需要关注直接成本、间接成本、可控成本和不可控成本等关键指标，以便更好地控制成本并提高盈利能力。

最后，现金流指标也是评估企业经济效益的重要因素之一。现金流是指企业现金流入和流出的状况，通过对比战略实施前后的现金流数据，可以了解战略是否有助于改善企业的现金流状况。企业需要关注经营活动现金流、投资活动现金流和融资活动现金流等关键指标，以便更好地管理现金流并确保企业的财务稳定。

此外，企业还需要关注一些其他财务指标，如资产负债率、流动比率、存货周转率等。这些指标可以帮助企业评估其资产质量、负债状况和经营效率等方面的情况，从而更好地了解战略对企业经济效益的影响。在评估财务指标时，企业需要采用定性和定量相结合的方法。除了对比战略实施前后的数据外，还需要与其他企业或行业进行比较，以便更全面地了解企业的财务状况和市场地位。同时，企业还需要关注财务指标的变化趋势，以便更好地预测未来的经营状况和市场发展。

（2）市场指标

市场指标是评估企业战略效果的重要依据之一，可以衡量企业在市场中的地位和竞争力以及战略对市场表现的影响。

首先，市场份额是企业市场地位的重要体现。市场份额是指企业在特定市场中所占的销售额或销售量比例。通过对比战略实施前后的市场份额数据，可以了解战略是否有助于提高企业在市场中的份额和地位。如果市场份额得到提升，说明战略的有效性得到了验证。

其次，客户满意度是衡量企业服务质量的重要指标。客户满意度是指客户对企业产品或服务的满意程度，可以通过调查问卷、客户反馈等方式获取数据。通过分析客户满意度指标的变化，可以了解战略是否有助于提高客户满意度，从而提高客户忠诚度和口碑效应。

最后，品牌知名度是企业品牌建设和市场推广效果的体现。品牌知名度是指企业在目标市场中品牌被认知和提及的频率。通过分析品牌知名度指标的变化，可以了解战略是否有助于提高品牌知名度和品牌价值。品牌知名度的提升有助于提高企业的市场地位和竞争优势。

除了以上三个关键市场指标外，还有一些其他指标可以帮助企业评估市场表现和战略效果，如客户获取成本、客户保持成本、客户流失率等。客户获取成本是指企业获取新客户所需的总成本，包括市场营销、广告宣传等费用。客户保持成本是指企业维持现有客户所需的总成本，包括售后服务、客户关系管理等费用。客户流失率则是指企业失去的客户占现有客户数量的比例。这些指标可以帮助企业了解客户的获取和保持成本，以及客户的忠诚度和稳定性。在评估市场指标时，企业需要综合考虑内部数据和外部数据。内部数据包括企业自身的销售数据、客户反馈等；外部数据则包括行业报告、竞争对手数据、市场研究报告等。通过对比内外部数据和市场指标的变化趋势，企业可以更全面地了解自身的市场表现和竞争地位，从而更好地评估战略效果和调整战略方向。此外，企业还需要关注市场指标的变化趋势。市场指标的变化趋势可以反映企业的市场表现和市场竞争力的发展趋势。

（3）组织指标

组织指标是评估企业战略效果的重要依据之一，可以衡量企业内部组织状况和运营效率以及战略对企业内部运营的影响。

首先，员工满意度是衡量企业内部运营状况的重要指标之一。员工满意度是指员工对企业工作环境、内部管理、福利待遇等方面的满意程度。通过定期调查和评估员工满意度指标的变化，企业可以了解战略是否有助于提高员工的工作积极性和满意度，从而提高员工的工作效率和忠诚度。

其次，组织文化是企业内部的软实力，是指企业内部的价值观、信仰、行为准则等方面的总和。一个健康、积极、开放的组织文化可以帮助企业更好地吸引和留住人才，提高员工的归属感和凝聚力。通过评估组织文化指标的变化，企业可以了解战略是否有助于塑造和维护良好的企业文化，从而提高企业的整体运营效率和发展潜力。

最后，内部流程是企业内部运营的重要环节，包括企业的生产流程、管理流程、销售流程等。通过评估内部流程的效率，企业可以了解战略是否有助于优化内部流程，提高运营效率和降低成本。企业需要关注内部流程的顺畅性和协调性，以及流程中各个环节的衔接和协同工作效果。

除了以上三个关键组织指标外，还有一些其他指标可以帮助企业评估组织状况和运营效率，如员工流失率、内部培训和开发投入等。员工流失率是指员工离职率。过高的员工流失率可能会影响企业的稳定性和运营效率。内部培训和开发投入则是指企业在员工培训和职业发展方面的投入，这些投入可以帮助企业提高员工的专业素质和工作能力，从而提高企业的运营效率和发展潜力。

在评估组织指标时，企业需要综合考虑定量数据和定性数据的分析。定量数据包括员工满意度调查的得分、员工流失率、内部流程的效率指标等；定性数据则包括员工反馈、组织文化的氛围和表现等。此外，企业还需要关注组织指标的变化趋势。组织指标的变化趋势可以反映企业内部运营状况的发展趋势。如果组织指标持续向好，说明战略的有效性得到了验证，企业需要继续保持和优化当前的战略；如果组织指标出现下滑或停滞不前，则说明战略可能存在不足或问题，企业需要重新审视和调整战略。

（4）竞争指标

竞争指标是评估企业战略效果的重要依据之一，可以衡量企业与竞争对手的竞争状况以及战略对市场竞争格局的影响。竞争对手的动作和反应是评估企业战略效果的重要依据之一。竞争对手的动向和反应可以反映企业在市场中的竞争地位和战略的有效性。通过监测和分析竞争对手的产品开发、市场推广、价格策略等方面的动作和反应，企业可以了解自身与竞争对手的优势和劣势以及在市场中的竞争地位。如果企业在战略实施后能够成功地应对竞争对手的挑战和抢占市场份额，说明战略的有效性得到了验证。行业趋势是指特定行业中总体的发展方向和变化趋势。行业趋势的变化可以影响企业与竞争对手的竞争状况和市场地位。通过分析行业趋势指标的变化，企业可以了解战略是否符合行业的发展方向和变化趋势以及战略对市场竞争格局的影响。如果企业能够根据行业趋势制订和调整战略，则有助于提高自身的竞争力和市场地位。

除了以上两个关键竞争指标外，还有一些其他指标可以帮助企业评估竞争状况和战略效果，如市场占有率、相对竞争优势等。市场占有率是指企业在特定市场中的销售额或销售量所占的比例，它可以反映企业在市场中的竞争地位和市场份额。相对竞争优势是指企业相对于竞争对手在产品、技术、品牌等方面的优势和劣势，它可以为企业制订更具针对性的竞争策略提供依据。在评估竞争指标时，企业需要关注竞争对手和市场动态的变化。竞争对手的动向和反应可能因市场环境、企业实力、管理团队等因素而有所不同，因此，企业需要密切关注竞争对手的战略调整和市场行为，以便更好地应对市场竞争。同时，企业还需要关注市场动态的变化，包括市场需求、消费者行为、政策法规等方面的变化，以便更好地把握市场机会和应对市场风险。此外，企业还需要采用定性和定量相结合的方法，评估竞争指标的变化。定量数据包括销售额、市场份额、竞争对手的市场份额等数据；定性数据包括行业报告、专家意见、市场趋势分析等。通过综合分析定量和定性数据，企业可以更全面地了解与竞争对手的竞争状况和市场地位，从而更好地评估战略效果和调整战略方向。

2. 企业战略调整

（1）调整战略方向

调整战略方向是企业应对市场变化和竞争态势的重要手段之一。在不断变化的市场环境中，企业需要时刻关注市场趋势和竞争对手的动向，以便及时调整自身的战略方向，确保在市场竞争中保持优势地位。企业需要重新评估市场趋势和竞争态势。市场趋势是指特定市场中总体的发展方向和变化趋势，包括市场需求、消费者行为、政策法规等方面的变化。企业需要密切关注市场趋势的变化，以便更好地把握市场机会和应对市场风险。竞争态势是指企业与竞争对手在市场中的竞争状况和力量对比，包括竞争对手的产品、技术、品牌、市场份额等方面的优势和劣势。企业需要定期评估自身的竞争态势，以便更好地制订和调整竞争策略。

在重新评估市场趋势和竞争态势的基础上，企业需要重新定位自身的战略方向。战略方向是指企业在特定市场中的定位和发展方向，包括产品定位、市场定位、技术发展方向等方面的决策。企业需要根据市场趋势和竞争态势的变化，重新审视自身的战略方向，调整产品定位、市场定位、技术发展方向等关键决策，确保在市场竞争中保持优势地位。

（2）调整战略目标

调整战略目标是企业在评估战略效果后的重要决策之一。企业需要根据战略评估的结果重新设定战略目标。战略评估是指对战略实施过程和结果的全面评价和分析，包括市场指标、组织指标和竞争指标等方面的评估。通过战略评估，企业可以了解战略的有效性、市场表现、组织状况和竞争态势等方面的情况，从而为调整战略目标提供依据。

在重新设定战略目标的过程中，企业需要考虑以下几个方面：

第一，可持续发展。企业需要将可持续发展作为重要的战略目标之一。可持续发展是指企业追求经济效益的同时，注重环境保护和社会责任，实现经济、环境和社会三者之间的平衡发展。通过可持续发展战略目标的设定，企业可以提高自身的社会责任感和品牌形象，吸引更多的客户和投资者，实现长期稳定的发展。

第二，市场定位。企业需要明确自身的市场定位，并设定与之相符合的战略目标。市场定位是指企业在特定市场中的地位和特色，包括产品定位、品牌定位、目标客户等。通过明确市场定位，企业可以更好地了解市场需求和竞争态势，制订更加精准的市场营销策略和竞争策略。

第三，财务目标。财务目标是企业的核心战略目标之一。企业需要根据自身的发展状况和市场环境，设定合理的财务目标，包括销售额、市场份额、盈利能力等方面的指标。通过设定明确的财务目标，企业可以更好地进行财务规划和管理，提高自身的盈利能力和资金使用效率。

第四，创新发展。创新是企业持续发展的重要驱动力之一。企业需要设定创新发展的战略目标，不断探索新的产品和服务模式，以满足市场需求和创造新的商业机会。通过创新发展，企业可以提高自身的核心竞争力，抢占市场份额和引领行业发展。

第五，人才培养和管理。通过人才培养和管理，企业可以提高员工的专业素质和工作能力，增强团队凝聚力和执行力，实现可持续发展。

（3）调整战略策略

企业需要全面分析内部资源和外部环境的变化。内部资源包括企业的人力、物力、财力、技术、品牌等，外部环境包括市场需求、竞争态势、政策法规、经济形势等。企业需要采用SWOT分析法，全面评估内部资源和外部环境的变化，以更好地制订和调整战略策略。在全面分析内部资源和外部环境的基础上，企业需要重新制订战略策略。战略策略是指企业在特定市场中的竞争策略和行动计划，包括产品策略、市场策略、品牌策略、渠道策略、价格策略等。企业需要根据市场变化和竞争态势，调整自身的战略策略，以提高自身的竞争力和盈利能力。

在重新制订战略策略的过程中，企业需要注重以下几个方面：

第一，差异化竞争。企业需要注重差异化竞争，通过产品、服务、品牌等方面的差异化，提高自身的竞争力和市场份额。差异化竞争可以帮助企业在市场中树立独特的品牌形象和竞争优势，吸引更多的客户和消费者。

第二，精准市场营销。企业需要注重精准市场营销，针对目标客户的需求和特点，制订精准的市场营销策略和推广计划。精准市场营销可以帮助企业提高市场占有率和客户满意度，同时降低营销成本和增加销售收入。

第三，合作伙伴关系。企业需要建立良好的合作伙伴关系，与其他企业共同合作、共同发展。通过建立战略合作伙伴关系、开展联合营销等方式，企业可以共同提升竞争力、扩大市场份额、降低成本等。

二、企业战略流派

（一）定位学派

定位学派是战略管理领域中最有影响力的学派之一，代表人物为艾·里斯和杰克·特劳特。该学派认为，企业在市场竞争中获得成功，关键在于在消费者心中占据独特的位置，通过定位战略来创造品牌的价值和竞争优势。定位学派强调品牌定位的重要性，认为品牌是消费者对产品或企业的认知和印象，通过定位策略来强化品牌形象，从而获得市场份额和利润。

（二）设计学派

设计学派是战略管理领域中的另一重要学派，代表人物为亨利·明茨伯格。该学派认为，企业战略是一种有意识、有目的地寻求企业发展机会的过程，强调通过组织内部的能力和资源形成企业的竞争优势。设计学派注重战略制订的过程，强调通过战略设计来构建企业的核心竞争力，并将其转化为市场优势。

（三）计划学派

计划学派是战略管理领域中最早出现的学派之一，代表人物为安德鲁斯。该学派认为，企业战略是一种有计划、有步骤的管理过程，通过对企业内外部环境的分析和预测，制订具体的战略计划，并按照计划逐步实施。计划学派注重战略计划的制订和实施，强调通过合理的计划和组织来保证战略目标的实现。

（四）学习学派

学习学派是战略管理领域中新兴的学派之一，代表人物为圣吉和柯林斯。该学派认为，企业战略是一种不断学习和适应的过程，强调通过不断地学习和创新来应对市场变化和竞争态势。学习学派注重企业的学习和创新能力，认为这是企业在市场中获得竞争优势的关键因素。

（五）权力学派

权力学派是战略管理领域中关注企业之间权力关系的学派，代表人物为明茨伯格和沃特斯。该学派认为，企业战略是一种权力的运用过程，通过权力关系来获取资源和市场份额。权力学派注重企业与其他企业之间的竞争关系，强调通过建立和维护权力关系来获得竞争优势。

（六）文化学派

文化学派是战略管理领域中关注企业文化对企业战略影响的学派，代表人物为迪尔和肯尼迪。该学派认为，企业文化是企业战略实施的重要支撑和保障，通过企业文化建设来推动企业战略的实施和管理。文化学派注重企业文化与企业战略的匹配和协同作用，强调通过文化建设来提高企业的竞争力和盈利能力。

（七）环境学派

环境学派是战略管理领域中关注企业与外部环境关系的学派，代表人物为波特和普拉哈拉德。该学派认为，企业战略是在适应外部环境变化的过程中形成的，强调通过环境分析和适应来获取竞争优势。环境学派注重企业与外部环境的互动关系，强调通过环境变化来发现新的商业机会和竞争优势。

第二节　企业战略的内容及层次

一、企业战略的内容

（一）总体战略

总体战略是企业战略的总体规划，是企业在未来一定时期内的总体发展方向、目标和措施的规划。总体战略不仅决定了企业的战略定位、战略方针和战略重点，而且是企业战略的核心和基础。它需要充分考虑企业的内部资源和外部环境，明确企业的竞争优势和市场定位，制订科学合理的发展目标和措施，以确保企业实现长期生存和发展的目标。总体战略的制订需要从企业整体角度出发，考虑到企业内部的各个职能部门和业务领域，以及企业外部的市场、竞争对手和政策法规等因素。总体战略需要明确企业的使命、愿景和价值观，确定企业的核心业务和发展重点，制订合理的资源配置和风险管理措施。总体战略的实施需要企业高层管理者的领导和决策，同时也需要各部门的支持和协作。企业需要根据总体战略制订具体的业务计划和实施方案，建立完善的内部控制和风险管理机制，以确保总体战略的有效实施。

总体战略对企业的发展具有重要作用。首先，总体战略为企业提供了明确的发展方向和目标，使企业能够更好地把握市场机遇和应对挑战。其次，总体战略能够整合企业的各项资源，提高企业的经营效率和效果。通过合理的资源配置和利用，企业能够更好地满足市场需求，提高自身的竞争力和盈利能力。最后，总体战略能够增强企业的适应性和灵活性，使企业更好地应对市场变化和竞争态势。通过及时调整和优化总体战略，企业能够快速适应市场变化，抓住机遇，实现可持续发展。

（二）业务战略

业务战略是企业在特定业务领域的竞争策略和发展规划，是企业战略的重要组成部分。业务战略需要考虑企业在该领域的市场份额、客户满意度和竞争优势等，制订具体的业务发展计划和措施，以实现企业的业务发展目标。

业务战略需要明确企业在特定业务领域的市场定位。市场定位是业务战略的核心，它决定了企业在市场中的竞争地位和发展方向。企业需要根据市场需求、竞争对手和自身优势等因素，选择适合自身的市场定位，以实现业务发展的目标。

业务战略需要制订具体的竞争策略和发展规划。竞争策略包括产品策略、价格策略、渠道策略、促销策略等，这些策略需要针对市场需求和竞争对手的情况进行制订，以提高企业的竞争优势和市场地位。发展规划则包括市场份额、客户满意度、品牌建设等方面，这些规划需要结合企业的实际情况和市场趋势进行制订，以确保企业的可持续发展。此外，业务战略的实施需要企业各部门的支持和协作。各部门需要根据业务战略制订具体的行动计划和措施，明确各自的工作重点和任务分工，以确保业务战略的有效实施。同时，企业高层管理者也需要对业务战略的执行情况进行监控和调整，以确保业务战略与公司总体战略的一致性和有效性。业务战略对企业的总体发展具有重要作用。首先，业务战略是企业实现业务发展目标的关键所在。通过制订科学合理、切实可行的业务战略，企业能够更好地满足市场需求、提高市场份额和客户满意度，从而实现业务发展目标。其次，业务战略是企业形成竞争优势的重要手段。通过合理的竞争策略和发展规划的制订和实施，企业能够提高自身的竞争力和竞争优势，应对市场竞争的挑战。最后，业务战略是企业实现可持续发展的重要保障。通过与企业总体战略的协调一致和各部门的支持和协作，企业能够实现可持续发展和长期盈利。

（三）职能战略

1. 市场营销战略

市场营销战略是企业职能战略的重要一环，涉及企业在市场中的定位、品牌建设、销售渠道、促销策略等方面。

市场营销战略的制订需要结合市场需求、竞争对手和消费者行为等因素，明确企业的市场定位和品牌形象，制订有效的销售渠道和促销策略，以提高市场份额和客户满意度。

2. 人力资源战略

人力资源战略是企业实现可持续发展的重要保障，涉及企业的人才招聘、培训、绩效管理、薪酬福利等方面。人力资源战略的制订需要结合企业的总体战略和业务战略，明确企业的人才需求和招聘计划，制订有效的培训和绩效管理方案，以提高员工的素质和能力，促进企业的可持续发展。

3. 财务战略

财务战略是企业实现经济利益最大化的关键所在，涉及企业的财务管理、投资决策、风险管理等方面。财务战略的制订需要结合企业的总体战略和业务战略，明确企业的财务目标和预算，制订有效的投资决策和风险管理措施，以保证企业的经济利益最大化。

4. 生产战略

生产战略是企业实现高效生产的重要保障，涉及企业的生产流程、质量控制、成本控制等方面。生产战略的制订需要结合企业的总体战略和业务战略，明确企业的生产目标和计划，制订有效的质量控制和成本控制措施，以提高生产效率和产品质量。

职能战略的实施需要各职能部门的支持和协作。各部门需要根据职能战略制订具体的行动计划和措施，明确各自的工作重点和任务分工，以确保职能战略的有效实施。同时，企业高层管理者也需要对职能战略的执行情况进行监控和调整，以确保职能战略与总体战略和业务战略的一致性和有效性。

职能战略对企业的发展具有重要作用。首先，职能战略是实现企业总体战略和业务战略的重要保障。各职能领域需要根据总体战略和业务战略的要求，制订具体的行动计划和措施，以确保总体战略和业务战略的实现。其次，职能战略可以提高企业的核心竞争力。通过明确各职能领域的目标和任务，企业可以更好地整合资源、提高效率、增强竞争优势，应对市场竞争的挑战。最后，职能战略可以促进企业的可持续发展。通过与总体战略和业务战略的协调一致和各部门的支持和协作，企业可以实现可持续发展和长期盈利。

二、企业战略的层次

企业战略的层次对企业的发展具有重要作用。首先，不同层次的战略明确了企业不同层级管理人员的工作重点和目标，有利于统一思想和行动，提高企业的管理效率和效果。其次，各层次的战略相互支持、协调一致，有利于实现企业整体利益的最大化。最后，科学合理地划分企业战略层次有利于企业在市场竞争中获得优势地位，实现可持续发展。

（一）公司层战略

公司层战略是最高层次的战略，主要关注企业的整体发展方向、愿景、使命和战略目标等宏观问题。公司层战略需要明确企业的核心业务、发展重点和资源配置，以确保企业在长期内实现可持续发展。公司层战略的制订需要考虑企业的外部环境、内部资源和竞争优势等因素，通过市场定位、业务组合和协同效应等手段，实现企业的整体战略目标。公司层战略的执行需要企业高层管理者的领导和决策，以推动企业整体的发展和变革。

（二）业务层战略

业务层战略是中层次的战略，主要关注企业在特定业务领域的竞争策略和发展规划。业务层战略需要针对企业的市场定位、产品策略、销售策略等方面进行具体的规划和实施，以实现企业的业务发展目标。业务层战略的实施需要企业各部门的协同合作，以实现企业的整体战略目标。

（三）职能层战略

职能层战略是最低层次的战略，主要关注企业在特定职能领域的战略规划和措施，包括市场营销战略、人力资源战略、财务战略等。职能层战略需要考虑各职能领域的目标、任务和措施，明确各职能领域的工作重点和资源配置，以保障公司层战略和业务层战略的实现。

三、企业战略层次的相互关系

企业战略的三个层次不是孤立的，而是相互关联、相互影响的。公司层战略为业务层战略和职能层战略提供了总体方向和指导思想；业务层战略是公司层战略的具体化和操作化；职能层战略则是业务层战略的具体实施方案。三个层次的战略必须相互支持、协调一致才能取得最大的效果。企业高层管理者需要根据公司层战略制订业务层战略，确定企业在各业务领域的定位和发展方向。各业务领域的负责人需要根据业务层战略制订职能层战略，确定各业务领域内部的运营策略和实施计划；监控职能层战略的执行情况，确保各职能领域的工作与整体战略的一致性。

第三节　企业战略管理过程

一、制订企业战略

企业战略的制订是企业发展的重要环节，需要全面考虑内外部环境的变化和市场需求，以制订出科学合理的战略规划。在制订企业战略时，企业需要深入分析市场趋势、竞争对手情况和技术发展等因素，以确定自身的目标市场和定位。同时，企业还需要充分考虑自身的资源和能力，制订出适合自己的业务组合和产品策略。

首先，市场趋势的分析是企业战略制订的基础。市场趋势是指市场需求和竞争态势的发展方向和变化趋势。企业需要通过对市场趋势的分析，了解市场需求和竞争态势的变化情况，从而制订出符合市场趋势的战略和策略。例如，随着人们健康意识的提高，健康产业的市场需求不断增长，企业可以抓住这个机会，制订出符合健康产业市场趋势的战略和策略。

其次，竞争对手情况的分析是企业战略制订的重要因素。竞争对手是企业战略制订的参考对象，通过对竞争对手的分析，企业可以了解竞争对手的优势和劣势，从而制订出符合自身情况的战略和策略。例如，如果发现竞争对手在产品品质上有明显优势，那么企业可以制订以提高产品品质为核心的战略和策略，从而在市场竞争中获得优势。

最后，技术发展是企业战略制订的重要因素之一。技术发展可以改变市场竞争格局和企业的发展方向，因此，企业需要密切关注技术发展的趋势和变化。通过对技术发展的分析，企业可以了解新技术的发展情况和未来趋势，从而制订出符合技术发展趋势的战略和策略。

此外，企业还需要考虑自身的资源和能力。企业的资源和能力是企业战略实施的基础和保障，因此，企业需要充分了解自身的资源和能力情况。例如，如果企业拥有强大的研发团队和技术实力，可以制订出以技术创新为核心的战略和策略；如果企业的市场营销能力较强，可以制订出以品牌建设和市场推广为核心的战略和策略。在制订出科学合理的战略规划后，企业需要明确自身的目标市场和定位。目标市场是企业战略实施的主要领域和对象，定位则是企业在目标市场中的形象和地位。例如，如果企业将目标市场定位为高端市场，那么企业需要制订出符合高端市场需求的产品策略和服务策略，并塑造高端市场的品牌形象。企业还需要制订出适合自己的业务组合和产品策略。业务组合是指企业的产品和服务组合情况，产品策略则是指企业在市场中推广产品的方式和方法。例如，如果企业的业务组合比较单一，可以制订出拓展业务的战略和策略；如果企业的产品策略不够完善，可以加强市场推广和提高产品品质等方面的策略。

二、实施企业战略

企业战略的实施是企业战略管理的核心环节，需要依靠组织架构和管理体系来保障。组织架构是指企业内部的组织结构和运作机制，管理体系则是指企业的一系列管理制度和规范。建立完善的组织架构和管理体系，可以明确各个部门和岗位的职责和权限，制订出科学的管理流程和规范，从而确保战略的有效实施。

　　首先，建立完善的组织架构是战略实施的基础。组织架构应该根据企业战略的需要进行设计，以满足战略实施的要求。组织架构的设计应该注重提高企业的运作效率和响应速度，以适应市场的变化和需求。同时，组织架构的设计还应该注重权责的明确和统一，确保各个部门和岗位的职责和权限得到明确和落实。

　　其次，制订科学的管理流程和规范也是战略实施的重要保障。科学的管理流程和规范可以帮助企业实现内部管理的标准化和规范化，从而提高企业的管理水平和效率。管理流程的设计应该注重简单高效，以提高企业的运作效率。规范制订则需要注重可操作性和有效性，确保规范能够得到有效执行。

　　再次，企业需要建立完善的人力资源管理体系，以确保战略实施的人才保障。人力资源管理体系应该包括招聘、培训、绩效管理和激励等方面，以提高员工的能力和积极性。通过招聘和培训，企业可以获得符合战略要求的人才，也可以提高员工的专业素质和能力。绩效管理和激励则可以帮助企业实现员工的绩效目标，激发员工的积极性和创造力。

　　最后，企业需要注重信息化建设和数据化管理。信息化建设和数据化管理可以提高企业的信息处理能力和数据分析能力，从而更好地支持企业战略的实施。通过信息化建设，企业可以建立完善的信息系统和管理平台，实现信息的共享和协同工作；数据化管理则可以帮助企业实现数据的整合和分析，为决策提供科学依据和支持。

三、评估企业战略

　　评估企业战略的实施效果是企业战略管理的关键环节，对于确保战略的有效性和达成预期目标具有重要作用。这些问题可能会对战略的实施产生负面影响，甚至导致战略失败。因此，企业需要对这些问题进行分析和评估，了解问题产生的原因和影响程度，并采取相应的措施进行解决和调整。企业需要将战略实施效果与预期目标进行比较，以评估战略的有效性和合理性。通过比较实际效果与预期目标，企业可以了解战略是否达成预期目标以及达成目标的程度和速度。这种比较可以帮助企业及时发现战略的问题和不足之处以及战略是否需要调整或重新制订。同时，这种比较还可以为企业提供反馈和经验教训，为企业未来的战略制订和实施提供借鉴和参考。

在评估企业战略的实施效果时，还需要考虑以下几个方面的因素：

第一，财务指标。财务指标是企业战略实施效果的重要衡量标准，如收入、利润、市场份额等。通过比较实际财务数据与预期财务目标，企业可以了解战略的实际经济效益和达成情况。

第二，市场地位。市场地位是企业战略实施效果的直接体现之一，如市场份额、品牌知名度等。通过比较企业在市场中的实际地位与预期目标，企业可以了解战略的市场竞争力和影响力。

第三，客户满意度。客户满意度是企业战略实施效果的间接体现之一，如客户忠诚度、客户反馈等。通过了解客户对企业的满意度和忠诚度，企业可以评估战略对客户需求和期望的满足程度。

第四，内部运营效率。内部运营效率是企业战略实施效果的内部保障之一，如生产效率、管理效能等。通过比较企业内部运营的实际效率与预期目标，企业可以了解战略对企业内部管理的提升和优化程度。

第五，风险控制能力。风险控制能力是企业战略实施效果的外部保障之一，如风险识别、风险应对等。通过比较企业风险控制的实际能力与预期目标，企业可以了解战略对企业应对不确定性和变化的能力和稳定性。

四、控制企业战略

控制企业战略的实施过程是企业战略管理的核心环节之一，能够确保企业战略的有效实施和达成预期目标。在这个阶段，企业需要对战略计划的执行情况进行全面监控，及时发现和解决存在的问题，并不断调整和优化战略计划，以适应市场环境和企业内部环境的变化。

首先，企业需要建立有效的监控机制，对战略计划的执行情况进行实时跟踪和评估。这种监控机制应该包括定期报告、关键绩效指标的监测、内部审计等多个方面。通过这些手段，企业可以及时了解战略计划的执行情况，发现存在的问题和不足之处，并采取相应的措施进行改进和调整。

其次，企业需要建立快速响应机制，及时处理和解决存在的问题。在战略实施过程中，企业可能会面临各种问题和挑战，如市场变化、竞争对手的动态、企业内部的管理问题等。企业需要建立相应的快速响应机制，包括问题识别、分析、解决和反馈等方面，以确保问题和挑战得到及时有效地解决，避免对战略实施产生负面影响。

再次，企业需要不断调整和优化战略计划，以适应市场环境和企业内部环境的变化。市场环境和企业内部环境的变化是不可避免的，企业需要灵活应对这些变化，及时调整战略计划和目标，以确保战略的有效性和达成目标的可靠性。这种调整和优化可以包括战略目标的重新设定、战略方案的改进、组织结构的调整等多个方面。

最后，企业需要建立有效的反馈机制和激励机制，以确保员工积极参与和支持企业的战略实施工作。反馈机制可以帮助企业及时了解员工的意见和建议，促进员工参与和贡献。激励机制可以激发员工的积极性和创造力，推动员工为实现战略目标而努力工作。通过这些措施，企业可以提高员工的归属感和忠诚度，增强企业的凝聚力和竞争力。

通过建立有效的监控机制、快速响应机制、反馈机制和激励机制，调整和优化战略计划等措施，企业可以全面控制和管理战略的实施过程，确保战略的有效性和达成目标的可靠性。同时，企业还需要不断学习和探索新的战略管理方法和工具，以适应市场环境和企业内部环境的变化，提高企业的竞争力和市场地位。

第二章 新兴市场企业创新战略概述

第一节 新兴市场的概念与特征

一、新兴市场的概念

新兴市场是指那些经济增长迅速、潜力巨大、但尚未完全开放和发展的市场。这些市场通常处于经济和社会的转型期，具有许多不同于成熟市场的特征。新兴市场的概念并不是一个绝对的概念，而是相对于成熟市场而言的。随着时间的推移，新兴市场也可能会转变为成熟市场。

二、新兴市场的特征

（一）经济快速增长

新兴市场的经济增长快速，是全球经济增长的重要引擎之一。这些国家在工业化和现代化方面取得了显著进展，推动了经济的快速增长。在产业结构方面，新兴市场国家正在从传统的低端制造业向高端制造业、服务业和新兴产业转型。这种转型为经济增长提供了新的动力和源泉。例如，一些新兴市场国家在信息技术、电子商务、生物技术等领域取得了重大进展，成为全球创新的重要力量之一。在技术创新方面，新兴市场国家正在加大科技创新的投入和研发力度，推动科技创新成果的转化和应用。这些国家在科技领域取得了一系列重大突破和进展，提高了自身的竞争力和创新能力。例如，一些新兴市场国家在人工智能、物联网、云计算等领域取得了重大进展，成为全球科技的重要引领者之一。在人力资源方面，新兴市场国家拥有庞大的劳动力资源和高素质的人才队伍。这些国家正在加强教育和培训体系建设，提高劳动力的技能水平和素质，为经济增长提供更加有力的人力资源支撑。此外，新兴市场国家也在加强人才引进和培养，吸引更多的海外人才回国创业和发展，进一步推动经济的快速增长。除了上述优势外，新兴市场国家还具有其他方面的优势和机遇。例如，随着全球化和区域一体化的深入发展，新兴市场国家之间的合作和交流也日益增多，为经济增长提供了更加广阔的市场和空间。此外，新兴市场国家也在加强基础设施建设和能源开发等方面加大投入力度，为经济增长提供了更加坚实的基础和保障。

（二）潜力巨大

新兴市场国家经济发展潜力巨大，这是由于这些国家在城市化、消费升级、产业升级等方面具有广阔的市场空间和机遇。随着人口红利的释放和资源优势的发挥，新兴市场国家的经济增长潜力将进一步显现。

首先，新兴市场国家在城市化方面具有广阔的市场空间。随着经济的发展和人口的增长，新兴市场国家的城市化进程不断加速。城市化带来了大量基础设施建设、房地产建设、城市交通等方面的需求，为经济增长提供了动力。同时，城市化也推动了消费需求的增长和消费结构的升级，为消费市场的发展提供了广阔的空间。

其次，新兴市场国家在消费升级方面也具有巨大的潜力。随着人民生活水平的提高和消费观念的转变，新兴市场国家的消费者对高品质、高性能、高附加值的商品和服务的需求日益增加。这为新兴市场国家的产业升级和服务业发展提供了重要机遇。通过满足消费者的需求，新兴市场国家可以实现经济增长和民生改善的双赢。

最后，新兴市场国家在产业升级方面也具有巨大的潜力。随着科技的进步和市场竞争的加剧，新兴市场国家需要加快产业升级和技术创新的步伐，提高自身的竞争力和可持续发展能力。新兴市场国家在信息技术、生物技术、新能源等领域具有一定的技术基础和创新能力，可以通过加强研发和人才培养，推动产业的转型升级和高质量发展。

除了上述方面之外，新兴市场国家还具有丰富的人力资源和自然资源优势。这些优势为新兴市场国家的经济发展提供了坚实的基础和保障。同时，新兴市场国家也面临着一些挑战和风险，如经济结构调整、资源环境压力、社会稳定等问题。因此，新兴市场国家需要加强自身改革和创新，提高经济治理能力和水平，实现可持续的经济发展和社会进步。新兴市场国家经济发展潜力巨大，具有广阔的市场空间和机遇。这些国家在城市化、消费升级、产业升级等方面具有较大的优势和机遇，为经济增长提供了有力支撑。

对于投资者来说，新兴市场的快速发展也带来了广阔的投资机会和空间。投资者可以通过投资新兴市场的企业、产业和项目等方式，分享经济增长的红利和机遇。需要注意的是，新兴市场的风险和不确定性相对较高，投资者需要加强风险管理和风险控制，避免投资风险和损失的产生。此外，为了更好地把握新兴市场的投资机会和应对风险挑战，投资者还需要了解和掌握新兴市场的特点和趋势。例如，新兴市场的政治稳定性、政策连续性、社会稳定性等因素可能对投资产生影响；新兴市场的消费市场、产业结构、技术发展等方面的特点和趋势也需要投资者进行深入分析和研究。通过了解和掌握这些信息，投资者可以更好地评估投资机会和风险，制订科学合理的投资策略和风险控制措施。

（三）转型期经济

新兴市场国家正处于经济和社会的转型期，这是一个复杂而多维的过程。这些国家正在逐步从传统的计划经济向市场经济转变、从农业经济向工业经济转变。在这个转型过程中，政府的作用和市场机制的运作相互交织、相互作用，使得新兴市场国家的经济具有较大的不确定性和风险。

首先，新兴市场国家的经济转型是一个深刻的社会变革过程。在这个过程中，传统的经济体制和产业结构正在逐步改变，而新的市场经济体制和产业体系正在逐步形成。这种变革不仅涉及经济领域的调整，而且涉及社会、政治、文化等各个方面的变化。因此，新兴市场国家的经济转型具有复杂性和多样性，不同国家、不同历史条件下的发展路径和模式也各不相同。另外，市场机制的运作也是新兴市场国家经济转型的重要方面。市场经济是一种资源配置的方式，它通过价格机制、供求关系等手段调节生产和消费。在新兴市场国家，建立和完善市场经济体制是一个重要的目标。然而，由于历史、文化、政治等方面的原因，新兴市场国家的市场经济体制往往存在诸多问题，如市场机制不健全、法治环境不完善等。这些问题不仅会影响市场的运作效率，而且会增加企业的经营风险和不确定性。

此外，新兴市场国家的经济转型还面临着外部环境的挑战和影响。全球经济环境的变化、国际政治局势的动荡、国际贸易环境的变动等都会对新兴市场国家的经济转型产生影响。因此，新兴市场国家需要加强自身经济的稳定性和抵御外部风险的能力。

（四）不确定性高

新兴市场国家在转型过程中面临着诸多不确定性和风险，这些风险和不确定性主要来自政治、经济、社会和国际环境等多个方面。这些国家正处于经济和社会的深刻变革期，各种矛盾和问题也日益凸显，进一步增加了经济发展的复杂性和不确定性。

首先，政治稳定性是影响新兴市场国家经济发展的重要因素之一。政治局势的动荡不安会对国家的经济发展产生重大影响，如政策的不连续性、投资环境的恶化等。一些新兴市场国家存在着政治风险，如政权更迭、民族问题等，这些问题可能导致国家政治局势的不稳定，从而对经济发展产生负面影响。

其次，政策连续性是影响新兴市场国家经济发展的重要因素。政府在经济发展中发挥着重要的引导和调控作用，而政策的连续性和稳定性是投资者进行投资决策的重要依据。然而，一些新兴市场国家的政策制定缺乏稳定性和连续性，导致投资者面临较大的不确定性。这种政策的不稳定性可能来自政府的更迭、政治力量的博弈等，从而对经济发展产生负面影响。

再次，社会稳定性是影响新兴市场国家经济发展的重要因素之一。社会的不稳定因素可能引发民众的不满情绪和抗议活动，从而影响国家的经济发展。

最后，国际环境是影响新兴市场国家经济发展的重要因素之一。例如，国际金融危机的爆发可能引发资本外流、货币贬值等问题，从而对新兴市场国家的经济增长和外汇储备造成冲击；贸易保护主义的抬头可能引发贸易战和贸易摩擦，从而对新兴市场国家的出口造成压力和挑战。

（五）多样化发展模式

新兴市场国家的发展模式呈现出多样化的特点，这是由不同国家、不同历史条件下的发展条件和环境各不相同决定的。这些国家在经济发展过程中，根据自身的资源禀赋、产业结构、市场需求等因素，选择适合自身的发展模式。这种多样化的模式不仅使得新兴市场国家的经济发展更加复杂和不确定，而且使得各国之间的合作与竞争关系更加多元和丰富。

首先，新兴市场国家的发展模式多样化表现在出口导向型经济和进口替代型经济的选择上。一些国家选择了出口导向型经济发展模式，通过积极参与国际市场竞争，扩大出口，带动国内经济的发展。这种模式的选择与这些国家的劳动力资源丰富、技术水平不断提高等优势密不可分。而另一些国家则选择了进口替代型经济发展模式，通过保护国内市场和产业，逐步实现进口替代，提高自身的产业竞争力。这种模式的选择与这些国家的国内市场需求大、产业结构不完善等实际情况相适应。

其次，新兴市场国家的发展模式多样化也表现在服务业和服务导向型经济的发展上。随着全球化和信息化的发展，服务业在各国经济中的地位不断上升，成为经济增长的重要引擎。一些国家凭借自身在服务业领域的优势，大力发展信息技术、业务流程外包等服务业务，实现了经济的快速增长。这些国家的服务业在国民经济中的比重不断上升，成为经济发展的重要支柱。另一些国家在经济发展过程中既强调出口导向型经济，又注重进口替代型经济，同时还大力发展服务业。这种混合型经济发展模式使得各国在经济发展中具有更大的灵活性和自主性，可以根据国内外环境的变化及时调整经济结构和发展战略。

（六）政策干预较多

在经济发展过程中，政府的作用不可忽视。尤其是在新兴市场国家，政府在经济发展中的干预较多，这既是一个特点，也可能带来一系列复杂性和不确定性。

首先，政府在经济发展中的角色是多维度的。新兴市场国家的政府往往通过制定政策和规划来引导和调控经济发展。这些政策涉及财政、货币、产业、贸易等多个方面，旨在促进经济增长、增加就业、提高产业竞争力等。例如，政府可能通过财政刺激政策来增加投资和消费，通过货币政策来调节利率和汇率，通过产业政策来支持特定行业的发展。这些政策的制定和实施对于新兴市场国家的经济发展具有重要影响。

其次，新兴市场国家政府的政策干预还可能受到各种因素的影响，如政治稳定性、行政效率、法治环境等。这些因素可能使得政府的政策制定和实施存在一定的局限性和偏差，进一步增加了经济发展的复杂性和不确定性。例如，政治稳定性不佳可能导致政府政策的连续性受到影响、行政效率低下可能导致政策执行不力、法治环境不完善可能导致产权保护不力。对于投资者来说，新兴市场国家政府的政策干预也带来了投资机会和挑战。投资者需要深入了解各国的政策和法律环境，评估投资机会和风险。同时，投资者还需要关注各国政府的治理水平和政策稳定性，以降低投资风险和提高投资效益。在投资决策中，投资者需要加强风险管理和风险控制，制订合理的投资策略和风险管理措施。

国际社会也需要加强合作和交流，推动全球经济治理体系的完善和发展。全球经济治理体系的完善和发展对于新兴市场国家的经济发展具有重要影响。通过加强国际合作和交流，推动全球经济治理体系的改革和完善，可以降低新兴市场国家的投资风险和提高投资效益。同时，国际社会还需要关注新兴市场国家的可持续发展问题，推动全球经济的平衡和可持续发展。需要指出的是，新兴市场国家政府的政策干预是复杂和多元的。政府的作用不仅涉及经济发展，而且涉及社会、政治、文化等多个方面。因此，新兴市场国家需要加强自身的制度建设和治理水平，实现经济的健康和可持续发展。同时，国际社会也需要加强合作和交流，共同应对全球性的挑战和问题。通过加强合作和交流，新兴市场国家可以更好地应对各种挑战和机遇，实现可持续的经济发展和社会进步。

（七）对外部依存度高

新兴市场国家在经济发展过程中普遍存在着对外部依存度较高的问题，尤其是对国际贸易和外资的依存度较高。这种依存关系使得新兴市场国家的经济发展受到国际经济环境的影响较大，需要更加注重对外经济关系的协调和发展。

首先，新兴市场国家对国际贸易的依存度较高。这些国家通常依赖于出口来推动经济增长，因此，国际贸易的形势对其经济发展具有重要影响。当国际市场需求旺盛时，新兴市场国家的出口增加，从而带动经济增长；当国际市场需求疲软时，新兴市场国家的出口下降，经济增长可能受到影响。此外，新兴市场国家在国际贸易中往往面临着激烈的竞争，需要不断提高自身的产业竞争力和产品质量，以保持市场份额和出口增长。

其次，新兴市场国家对外部投资的依存度也较高。这些国家通常缺乏国内资本积累，需要通过吸引外资来促进经济发展。外资的流入可以带来先进的技术和管理经验、创造就业机会、增加税收等，从而促进经济增长和社会发展。然而，外资的流入也可能会对新兴市场国家的经济带来一定的风险和挑战。例如，外资的突然撤离可能导致货币贬值、经济下滑等问题。因此，新兴市场国家需要加强对外部投资的管理和引导，提高自身的经济稳定性和自主性。

最后，新兴市场国家对外部依存度较高也与其自身的经济发展阶段和资源禀赋有关。这些国家通常处于经济快速发展阶段，国内资本积累不足，需要通过国际贸易和外资的流入来弥补资金缺口和技术短板。同时，新兴市场国家的资源禀赋也决定了其经济发展的方向和路径，需要积极开拓国际市场和引进外部资源来促进经济发展。

这种较高的外部依存度也给新兴市场国家的经济发展带来了一些问题。一方面，新兴市场国家容易受到国际经济环境的影响，如国际金融危机的冲击、贸易保护主义的抬头等；另一方面，新兴市场国家还需要面临国际经济规则和治理体系的挑战，如国际贸易谈判、知识产权保护等。为了降低外部依存度、增强经济自主性，新兴市场国家需要采取一系列措施。首先，加强自身的经济制度和治理体系建设是降低外部依存度的基础。新兴市场国家需要采取加强法治建设、提高政府效率和透明度、加强监管等措施，改善国内营商环境、吸引国内资本积累。只有在国内建立起稳定、透明和公平的经济制度和治理体系，才能更好地吸引外资和国际贸易。其次，推动产业升级和创新发展是降低外部依存度的关键。新兴市场国家需要采取加强科技创新、提高产品质量和技术含量、推动产业升级和转型等措施，提高自身的产业竞争力和附加值。只有通过自主创新和产业升级，才能在国际市场上获得更大的竞争优势和市场份额。最后，加强对外经济关系的协调和发展也是降低外部依存度的重要途径。新兴市场国家需要采取积极参与国际贸易和投资规则的制定和改革、加强与贸易伙伴的互利合作、推动区域经济一体化等措施，增强自身的话语权和影响力、降低对特定贸易伙伴的依赖。同时，新兴市场国家还需要加强对国际经济形势的监测和分析、制定合理的对外经济政策，应对国际经济环境的变化。

第二节　企业创新战略的内涵与类型

一、企业创新战略内涵

（一）创新

在当今快速变化的市场环境中，创新已成为企业生存和发展的关键。企业创新战略的核心在于创新，通过创新来提供新的产品、服务或市场机会，从而创造独特的竞争优势。首先，产品创新是企业创新战略的重要组成部分。产品创新涉及对现有产品的改进或开发全新的产品，以满足不断变化的市场需求。企业通过不断优化产品设计、功能、性能等方面，提高产品的附加值和竞争力。同时，产品创新有助于企业拓展新的市场领域和客户群体，进一步扩大市场份额。其次，过程创新也是企业创新战略的重要方面。过程创新主要关注生产或服务流程的改进和优化，以提高效率、降低成本、提升质量。通过引入先进的生产技术和管理模式，企业可以改进现有流程、提高生产效率、降低能耗和资源消耗，从而在成本上获得竞争优势。最后，过程创新还能帮助企业提高服务水平，增强客户满意度，进一步巩固市场地位。市场创新是企业创新战略的另一个关键要素。市场创新包括发现和开发新的市场机会、拓展销售渠道、制订有效的市场推广策略等。企业通过深入分析市场需求、消费趋势和竞争态势，寻找潜在的市场空白点和增长机会。同时，企业需要灵活调整市场策略，适应市场变化，以抢占先机、拓展市场份额。企业通过创新来提供具有独特价值和竞争优势的产品、服务或市场机会。这有助于企业在激烈的市场竞争中脱颖而出，赢得客户的青睐和忠诚度。

（二）战略

在当今竞争激烈的市场环境中，企业要取得持续的成功，不仅需要关注眼前的利益，而且需要具备长远的视野和战略规划。战略是指企业根据自身特点和外部环境制订的长远规划和行动计划。它不仅关乎企业当前的发展，而且着重于未来的可持续性和竞争优势。首先，战略是企业创新活动的灵魂。创新是企业发展的重要驱动力，而战略则是创新的导向。一个好的战略能够使企业在面对复杂多变的市场环境时明确自身的定位和目标，从而制订出有针对性的创新计划。战略规划帮助企业识别市场机会、分析竞争态势以及预测未来趋势，为创新活动提供明确的指导。其次，战略规划是系统性的。它不仅涉及产品或服务的创新，而且涵盖组织结构、运营模式、市场推广等多个方面。企业需要从整体出发，全面考虑资源分配、组织协同、风险管理等多个维度。通过制订系统的战略规划，企业能够确保各个部门之间的协调一致，形成合力，共同推动创新的实施。

（三）前瞻性

在当今快速变化的市场环境中，企业要想取得持续的成功，必须具备前瞻性思维。前瞻性是指企业能够预见未来趋势和变化，并提前布局和行动的能力。对于企业创新战略而言，前瞻性思维是制订正确战略的关键要素之一。首先，前瞻性思维有助于企业提前把握市场机遇。在市场竞争中，机遇和挑战并存。具有前瞻性的企业能够提前洞察市场变化和趋势，从而抓住机遇、规避风险。通过提前布局和行动，企业能够抢占市场先机，获取竞争优势，为未来的发展奠定坚实的基础。其次，前瞻性思维有助于企业制订具有预见性的战略规划。一个好的战略规划不仅要解决当前的问题，而且要关注未来的发展。前瞻性思维使企业能够预测未来市场、技术、社会等方面的变化，从而制订出具有预见性的战略规划。这样的规划更具远见和指导意义，能够为企业未来的发展指明方向。最后，前瞻性思维有助于企业应对市场不确定性。市场环境是复杂多变的,企业在发展过程中会面临各种不确定性和风险。前瞻性思维使企业具备更强的预测和应对能力,能够灵活调整战略和行动计划,以适应市场的变化和挑战,在不确定的市场环境中保持稳定和竞争力。

如何培养企业的前瞻性思维呢?第一,企业需要建立敏锐的市场洞察机制。企业应时刻关注市场动态,收集和分析各类信息,了解行业发展趋势和竞争态势。通过与行业专家、研究机构等进行交流、合作,拓宽视野和知识面,提高对市场的敏感度和洞察力。第二,企业应鼓励创新思维和探索精神。前瞻性思维离不开创新和探索。企业应鼓励员工敢于尝试新的想法和方法,勇于突破传统思维模式。通过开展创新项目、设立创新奖励等方式,激发员工的创新热情和探索精神。第三,企业应注重人才培养和团队建设。人才是企业发展的核心资源,也是培养前瞻性思维的关键。企业应选拔具备战略眼光和前瞻性思维的人才,为他们提供充足的资源和平台。同时,加强团队建设,促进不同部门之间的交流与合作,形成共同的前瞻性思维和目标。第四,实践是培养前瞻性思维的重要途径。企业在实践中应不断尝试新的方法和策略,根据市场反馈及时调整优化。通过实践经验的积累,企业能够逐渐培养出对市场变化的敏感度和预见能力。第五,企业应保持谦逊和开放的心态。市场环境是复杂多变的,企业应保持谦逊和开放的心态,不断学习和吸收新知识、新思想。同时,勇于承认错误和接受批评,及时调整和改进战略规划,以适应市场的变化和发展。

(四)决策

企业创新战略中的关键环节企业创新战略既是一种规划和行动,也是一种决策过程。在面对复杂多变的市场环境和不确定性时,企业需要做出明智的决策,以推动创新的实施并获得竞争优势。首先,决策的正确与否直接关系到企业创新战略的成败。企业在实施创新战略的过程中会面临各种不确定性和风险,如市场需求的变化、技术的更新换代、竞争对手的行动等。正确的决策能够帮助企业抓住机遇、应对挑战,从而在市场竞争中获得优势;错误的决策可能导致企业错失良机、遭受损失,甚至陷入困境。其次,决策需要充分的信息和分析支持。在制订决策时,企业需要对市场、技术、竞争等方面进行深入的研究和分析。收集充分的信息、了解行业趋势、分析竞争对手的动态等都是必要的步骤。通过科学的方法和工具，对信息进行整理、分析和评估，为决策提供有力的依据。最后，决策需要果断和勇气。创新总是伴随着风险和不确定性，有时候需要在有限的信息下做出决定。一个好的决策者需要有果断的判断力和敢于承担风险的勇气，在面对复杂情况时能够迅速做出决策，抓住市场机会。同时，也需要有足够的耐心和决心，坚定地执行决策，并承担决策带来的后果。

为了做出正确的决策，企业需要建立完善的决策机制。首先，企业应明确决策的目标和原则，确保决策与企业的战略方向保持一致。其次，建立科学的决策流程和规范，确保决策过程充分考虑各种因素，减少主观性和随意性。最后，加强团队建设，提高决策团队的综合素质和能力，保证决策的质量和水平。

企业需要注重信息的收集和分析。在信息化时代，信息的重要性不言而喻。企业应通过多种渠道收集市场、技术、竞争对手等方面的信息，并运用先进的分析方法和工具进行整理、筛选、评估。通过深入分析市场趋势、技术发展、竞争格局等信息，企业能够更好地把握机会和风险，为制订科学合理的决策提供支持。企业需要具备创新思维和敢于承担风险的勇气。创新总是伴随着不确定性和风险，正是这种勇于尝试的精神推动着企业的发展和进步。企业应鼓励员工敢于提出新的想法和建议，勇于尝试不同的方法和策略。同时，建立相应的激励机制和容错机制，为勇于承担风险的人提供支持和保障。

（五）竞争优势

在当今竞争激烈的市场环境中，企业要想取得成功，必须具备持久的竞争优势。竞争优势是指企业在市场中获得更大的份额和更高的利润的能力，而这种能力的来源就是创新。企业创新战略的核心目标就是为企业创造可持续的竞争优势，使企业保持领先地位并实现持续增长。首先，创新是创造竞争优势的关键。市场竞争不断加剧，产品和技术的同质化现象越来越严重。企业要想在市场中脱颖而出，必须通过创新来提供新奇特性的产品和服务。通过创新，企业可以满足消费者的个性化需求，提高品牌价值和影响力，从而获取更大的市场份额和更高的利润。其次，可持续的竞争优势来源于不断地创新。短暂的竞争优势可以通过一次性的创新来实现，要想获得持久的竞争优势，企业必须持续地进行创新。通过不断地推陈出新，企业能够不断地提升自身的竞争力和市场地位。同时，企业还应关注技术的持续改进和流程的优化，以提高生产效率和质量，从而保持竞争优势的持续性。

为了创造可持续的竞争优势，企业需要制订有效的创新战略。首先，企业应明确自身的核心能力和资源优势，从而确定创新的重点领域和方向。其次，企业应了解市场需求和竞争态势，以便更好地把握创新的时机和切入点。再次，企业应建立完善的创新体系和机制，包括创新文化的培育、创新人才的培养和激励、创新成果的转化和推广等。最后，企业应与外部合作伙伴建立紧密的合作关系，共同推动创新的实现。

二、企业创新战略类型

（一）按创新程度划分

根据创新程度，企业创新战略可以分为渐进性创新和突破性创新。渐进性创新是指在现有基础上进行小的改进或优化的创新。这种类型的创新通常基于市场需求和竞争态势的微小变化，通过逐步改进产品或服务来满足消费者日益增长的需求。渐进性创新通常涉及对现有技术的细微调整、生产流程的优化、营销策略的改进等方面。这种创新方式风险相对较小，能够在短时间内取得一定的成果，但往往不具备颠覆性，难以引发根本性的变革。渐进性创新的优势在于其相对稳健和可靠。由于是在现有基础上进行小的改进，因此更容易控制风险和成本，同时能够快速响应市场变化。这种创新方式能够帮助企业在稳定的市场环境下保持竞争优势，并通过持续的小幅改进实现长期的成长和进步。然而，渐进性创新也有其局限性。在快速变化的市场环境下，仅仅依靠渐进性创新可能难以满足消费者不断升级的需求，也难以应对竞争对手的颠覆性创新。因此，企业需要关注突破性创新的发展，以保持竞争优势和领先地位。

突破性创新是指颠覆性的、能够带来根本性变革的创新。这种类型的创新通常涉及对现有技术和商业模式的重大突破，能够为企业带来独特的竞争优势和市场份额。突破性创新通常需要大量的研发投入和技术积累，同时也面临着较大的风险和不确定性。突破性创新的优势在于其颠覆性和领先性。通过实现重大技术和商业模式的突破，企业能够开辟新的市场和商业模式，满足消费者未被满足的需求，从而在竞争中获得领先优势。这种创新方式能够帮助企业实现跳跃式发展，快速提升自身的竞争力和市场地位。然而，突破性创新的风险和难度也相对较大。由于涉及对现有技术和商业模式的重大突破，企业需要承担较高的研发成本和风险，同时也需要面对市场接受度和不确定性等方面的问题，因此，企业在推动突破性创新时需要充分考虑自身的资源和能力，制订科学合理的战略规划和管理机制。

（二）按创新来源划分

企业在实施创新战略时应根据自身情况和市场环境进行选择。

首先，自主创新是企业依靠自身力量进行创新活动。这种类型的创新需要企业具备强大的研发能力和技术实力，通过自主研发和创造来实现产品和技术的突破。自主创新可以帮助企业掌握核心技术和知识产权，建立竞争优势，并实现可持续发展。然而，自主创新需要大量的研发投入和人力资源，同时也面临着技术和市场风险。自主创新的优点在于其主动性和独立性。企业可以自主规划研发方向和产品开发，不受外部因素的制约，能够根据市场需求进行调整和创新。自主创新有助于企业培养核心竞争力和品牌价值，提升自身的市场地位和影响力。然而，自主创新也存在一定的挑战和风险。自主研发需要大量的研发投入和技术积累，这对企业的资源和实力提出了较高要求。技术和市场风险较大，企业需要具备强大的风险控制和应对能力。此外，自主创新对企业的研发团队和管理水平也提出了较高要求。

其次，合作创新是企业与其他组织合作共同进行创新。这种类型的创新可以弥补企业自身资源和能力的不足，通过与其他企业、研究机构、高校等合作实现资源共享和技术突破。合作创新的优点在于其资源共享和风险分担。通过与其他组织合作，企业可以充分利用合作伙伴的资源和优势，实现资源互补和协同发展。合作创新还可以降低研发成本和风险，提高创新成果的市场转化率。然而，合作创新也存在一些挑战和风险。例如，合作过程中可能存在沟通协调问题，影响合作的效率和成果；合作创新的成果可能涉及知识产权和利益分配问题，需要建立合理的分配机制和协议。此外，合作创新的成功还取决于合作伙伴的信誉和能力，需要进行充分的调查和评估。

最后，模仿创新是企业在学习借鉴他人成果的基础上进行改进和创新。这种类型的创新通常发生在技术较为成熟和市场较为发达的领域，企业通过模仿和学习领先者的技术和产品进行改进和创新，以降低研发成本和风险。模仿创新可以帮助企业快速进入市场并获取市场份额，也可以为企业提供学习和发展的机会。模仿创新的优点在于其成本低和风险小。通过模仿他人的技术和产品，企业可以避免大量的研发投入和技术风险，同时能够快速进入市场并获取市场份额。模仿创新还可以为企业提供学习和发展的机会，通过分析领先者的技术和产品进行改进和创新。然而，模仿创新也存在一定的挑战和风险。例如，模仿他人的技术和产品可能涉及知识产权问题，需要遵守相关法律法规和尊重他人的知识产权；模仿创新的成功取决于企业自身的技术和管理水平，需要进行充分的准备和学习；模仿创新可能面临来自原知识产权拥有者的法律诉讼和竞争压力。

（三）按创新范围划分

根据创新范围，企业创新战略可以分为产品创新和过程创新。

产品创新是指关注产品本身的变化和改进的创新方式。这种类型的创新通常基于市场需求和消费者行为的变化，通过改进产品的设计、功能、性能等方面来满足消费者日益增长的需求。产品创新可以涉及产品的外观设计、材料选择、功能优化等方面，旨在提供更好的用户体验和价值。产品创新的优势在于其直接面向市场需求和消费者体验。通过不断改进产品，企业能够更好地满足消费者需求，提升产品的竞争力和市场份额。同时，优秀的产品创新能够为企业树立品牌形象和口碑，提升企业的知名度和影响力。然而，产品创新也存在一定的挑战和风险：一是产品开发需要投入大量的人力、物力和财力，同时面临着市场需求不确定性和竞争激烈的风险；二是产品开发周期较长，需要经过市场调研、设计开发、测试改进等多个阶段，需要企业具备强大的研发能力和项目管理能力。

过程创新关注的是生产或服务流程的优化和变革。这种类型的创新通过改进生产或服务流程，提高效率、降低成本、优化用户体验等方面来提升企业的竞争力和盈利能力。过程创新可以涉及生产过程的自动化、信息化、智能化等方面，也可以涉及服务流程的优化和改进。过程创新的优势在于其能够从根本上提高企业的效率和竞争力。通过优化和改进生产或服务流程，企业能够降低成本、提高效率、缩短交货周期，从而在市场上获得更大的竞争优势。同时，过程创新也有助于企业实现可持续发展，提高自身的核心竞争力和长期盈利能力。然而，过程创新也存在一定的挑战和风险：一是生产或服务流程的优化和改进需要投入大量的时间和资源，同时也需要企业具备强大的技术和管理能力；二是过程创新涉及企业的整体运作和多个部门之间的协同工作，需要企业具备良好的组织协调能力和管理能力。

（四）按创新组织形式划分

根据创新组织形式，企业创新战略可以分为集中式和分布式。

集中式创新是指企业将所有创新资源和能力集中在一起进行统一管理和协调的创新方式。这种类型的创新通常由企业高层领导进行决策和指导，通过企业内部研发部门或创新团队进行具体实施。集中式创新的优势在于其能够集中企业资源，实现规模经济和资源共享，提高创新效率和创新成果的质量。同时，集中式创新还有助于企业建立核心技术和知识产权体系，提升自身的竞争力和品牌价值。然而，集中式创新也存在一定的挑战和风险：一是集中式创新需要企业具备强大的研发能力和技术实力，同时需要投入大量的人力、物力和财力；二是集中式创新可能存在沟通和协调问题，影响创新效率和成果的转化；三是集中式创新对市场变化的响应速度相对较慢，可能错失市场机会。

分布式创新是将创新资源和能力分散到企业的各个部门或外部组织，鼓励企业内部和外部的交流与合作。这种类型的创新强调开放性和包容性，通过跨部门、跨领域的合作来实现创新。分布式创新的优势在于其能够充分利用企业内外部的资源和能力，加速创新进程，提高创新成果的市场转化率。分布式创新还有助于企业建立广泛的合作关系网络，提升自身的知名度和影响力。分布式创新的优点在于其灵活性和广泛性。通过将创新资源和能力分散到各个部门或外部组织，企业能够更好地应对市场变化和客户需求，快速调整和创新。同时，分布式创新能够激发企业内部和外部的创新能力，促进知识的共享和传播，加速创新的产生和扩散。然而，分布式创新也存在一定的挑战和风险：一是将创新资源和能力分散到各个部门或外部组织需要建立良好的协调和沟通机制，以确保资源的合理配置和有效利用；二是分布式创新需要企业具备强大的组织和管理能力，以应对可能出现的冲突和竞争压力；三是分布式创新需要企业建立完善的激励机制和知识产权保护机制，以确保创新成果的有效利用和转化。

集中式创新和分布式创新是企业创新战略中的两种重要类型。集中式创新强调统一管理和资源共享，有助于企业建立核心技术和知识产权体系。企业应根据自身实际情况和市场环境选择适合的创新方式，并寻求两种方式的平衡与协同发展。同时，企业还需要建立健全的创新管理制度和合作机制，以保障创新的顺利实施和成果的有效转化。

（五）按创新层次划分

根据创新层次，企业创新战略可以分为技术驱动型和市场驱动型。这两种类型的创新在推动企业发展方面起着不同的作用，但都是企业实现持续竞争优势的关键因素。

技术驱动型创新是指企业根据自身技术优势进行研发和推广的创新方式。这种类型的创新通常由企业的技术团队主导，通过自主研发和技术突破来开发新产品或改进现有产品。技术驱动型创新的优势在于其能够为企业提供独特的技术优势和竞争优势，帮助企业在市场上树立技术品牌形象。技术驱动型创新的成功取决于企业的技术实力和研发能力。同时，企业还需要关注行业技术的发展趋势和竞争对手的动态，以保持领先地位和竞争优势。然而，技术驱动型创新也存在一定的挑战和风险：一是技术研发需要投入大量的人力、物力和财力，同时面临技术风险和市场风险；二是技术驱动型创新对技术人才的依赖度较高，需要建立完善的人才引进和培养机制；三是技术驱动型创新需要企业具备强大的市场营销和品牌推广能力，以将技术优势转化为市场优势。

市场驱动型创新是根据市场需求和竞争态势进行产品或服务的改进

和创新的创新方式。这种类型的创新通常由企业的市场团队主导，通过市场调研和客户需求分析来开发新产品或改进现有产品。市场驱动型创新的优势在于其能够快速响应市场需求和变化，满足客户的个性化需求，提高企业的市场占有率和竞争力。市场驱动型创新的成功取决于企业对市场需求的敏感度和快速响应能力。企业需要建立完善的市场调研和客户分析机制，及时了解市场需求和变化，快速调整产品和服务。同时，企业还需要关注竞争对手的动态和市场竞争态势，以制订针对性的营销策略和竞争策略。然而，市场驱动型创新也存在一定的挑战和风险：一是市场竞争激烈，企业需要具备强大的竞争能力和品牌形象，以应对竞争对手的挑战；二是市场驱动型创新需要企业具备快速响应市场需求和变化的能力，也需要建立完善的供应链和物流体系，以确保产品的及时交付和质量保证；三是市场驱动型创新需要企业具备强大的市场营销和品牌推广能力，以扩大市场份额和提高品牌知名度。

第三节　创新战略与企业竞争优势的关系

一、创新战略能够提高企业的核心竞争力和品牌形象

创新战略能够提升企业的核心竞争力。核心竞争力是企业长期竞争优势的源泉，涉及企业所拥有的独特资源和能力，能够使企业在竞争中保持领先地位。通过创新战略的实施，企业可以不断开发新技术、推出新产品或改进现有产品，提高自身的技术水平和创新能力。这不仅能够增强企业在市场上的竞争力，而且能够使企业获得更高的利润回报和市场份额。

创新战略有助于塑造企业的品牌形象。品牌形象是企业形象的重要组成部分，关系到消费者对企业的认知和信任程度。通过创新战略的实施，企业可以推出具有独特卖点的产品或服务，满足消费者的个性化需求，从而树立起独特的品牌形象。同时，企业还可以通过创新的营销策略和推广方式，提高品牌知名度和美誉度，进一步增强消费者的忠诚度和品牌口碑。

为了提高企业的核心竞争力和品牌形象，企业需要采取一系列创新战略措施：

1. 研发创新。企业需要加大研发力度，不断投入资源进行新技术和新产品的研发。通过自主研发和技术引进，提高自身的技术水平和创新能力，以推出更具竞争力的产品或服务。

2. 产品创新。企业需要对现有产品进行持续改进和升级换代，以满足消费者不断变化的需求。同时，企业还需要根据市场需求和趋势，开发新产品，拓展新的市场领域。

3. 营销创新。企业需要不断创新营销策略和推广方式，以提高品牌知名度和美誉度。例如，通过数字营销、社交媒体等新兴渠道，与消费者建立更紧密的联系和互动，提高营销效果和客户满意度。

4. 组织创新。企业需要不断优化自身的组织结构和运营模式，以提高效率、降低成本并更好地适应市场变化。例如，采用敏捷开发、精益管理等模式，提高企业的灵活性和适应性。

5. 文化创新。企业需要建立开放、包容、创新的组织文化，鼓励员工积极提出创新意见和建议，并营造一个良好的创新氛围。

二、创新战略能够为企业带来持续的竞争优势

持续创新是企业保持领先地位和竞争优势的关键。在不断变化的市场环境中，企业要想长期立于不败之地，必须不断进行技术突破、产品创新和流程优化，以适应不断变化的市场需求和消费者偏好。通过持续创新，企业能够不断提供更具竞争力的产品或服务，满足消费者的个性化需求，从而保持市场上的领先地位。

首先，持续创新是企业适应市场变化的必要手段。市场环境是不断变化的，消费者需求、竞争对手态势、技术发展趋势等因素都在不断变化。企业要想在市场中立足，必须时刻关注市场变化，并采取相应的创新措施来应对这些变化。通过持续创新，企业能够及时调整自身的产品定位、营销策略和技术发展方向，从而更好地适应市场变化和抓住市场机遇。

其次，持续创新有助于企业建立自己的知识产权体系和保护机制。在市场竞争中，知识产权的保护越来越重要。通过持续创新，企业可以申请专利、注册商标等方式，建立自己的知识产权体系和保护机制。这不仅能够保护企业的技术创新成果不被模仿或抄袭，而且能够提高企业的核心竞争力，形成独特的竞争优势。

再次，持续创新有助于企业提高自身的核心竞争力和品牌形象。创新是企业的核心竞争力之一，通过持续创新，企业可以提高自身的技术水平和研发能力，推出更具竞争力的产品或服务。同时，通过持续创新，企业可以塑造独特的品牌形象和价值观，吸引更多的目标客户并建立忠诚度。这不仅能够提高企业的市场份额和盈利能力，而且能够提升企业的知名度和美誉度。

最后，持续创新有助于企业建立持久的竞争优势。在市场竞争中，企业要想保持竞争优势，必须不断创新和改进。通过持续创新，企业可以不断推出新产品或服务，提高自身的技术水平和研发能力，从而保持领先地位。同时，通过不断创新和改进，企业可以建立持久的竞争优势，并实现可持续发展。然而，值得注意的是，持续创新需要投入大量的人力、物力和财力资源，并且面临一定的风险和挑战。因此，企业在实施持续创新战略时，需要充分考虑自身的资源和能力状况，制订切实可行的计划，并采取有效的风险管理措施。同时，企业还需要加强人才培养和引进工作，建立一支高素质的研发团队，为持续创新提供人才保障。

三、创新战略的实施需要面对挑战和风险

虽然创新战略能够为企业带来显著的竞争优势，但是其实施过程也充满了挑战和风险。

首先，创新战略的实施需要投入大量的人力、物力和财力资源。创新是一个复杂的过程，需要研发团队、市场营销团队等多个部门的协同合作。这不仅需要企业在技术和设备上进行大量的投资，而且需要在人员培训、团队建设等方面投入大量的时间和精力。此外，创新过程中还可能面

临技术风险和市场风险。技术风险指的是在研发过程中可能会遇到技术难题、项目延期等问题；市场风险则是指新产品或服务可能不符合市场需求、竞争对手的策略变化等因素。为了应对这些挑战和风险，企业需要采取一系列措施。第一，企业需要制订明确的创新战略和计划，明确创新的目标和路径，以提高创新效率和成功率。第二，企业需要加强内部团队之间的交流与合作，打破部门壁垒，促进信息共享和资源整合。第三，企业需要与外部合作伙伴建立紧密的合作关系，共同推进创新进程，实现互利共赢的局面。第四，为了吸引和留住优秀的创新人才，企业需要建立完善的激励机制和人才引进培养机制。企业可以通过提供有竞争力的薪酬福利、股权激励等方式来激励员工积极投身于创新工作。同时，企业还需要加强对员工的培训和教育，提高员工的技能水平和创新能力。

其次，创新需要企业具备开放的组织文化和合作精神。一个开放的组织文化可以鼓励员工积极提出创新意见和建议，激发员工的创造力和创新精神。企业可以通过组织内部竞赛、创意征集等活动来鼓励员工参与创新，还需要建立良好的沟通机制和反馈机制，让员工能够及时了解创新进展和成果。企业需要制订明确的创新战略和计划，加强内部团队之间的交流与合作，与外部合作伙伴建立紧密的合作关系，同时建立完善的激励机制和人才引进培养机制。通过克服这些挑战和风险，企业可以成功实施创新战略，提高自身的核心竞争力和品牌形象，进一步巩固市场地位并实现可持续发展。

第三章　新兴市场企业创新战略理论基础

第一节　战略性新兴产业理论

一、战略性

战略性新兴产业对于国家经济发展和产业安全具有重要意义，是决定国家未来竞争力的重要因素。随着全球经济的不断发展和变革，新兴产业在国家竞争中的地位越来越重要。各国政府纷纷将战略性新兴产业作为经济发展的重点领域，制定各种政策和措施以促进这些产业的发展。这是因为战略性新兴产业具有巨大的市场潜力和竞争优势，能够为国家带来经济增长和就业机会。同时，这些产业也是科技创新和产业升级的重要方向，能够推动国家产业结构的优化和调整。政府在战略性新兴产业的培育和发展中发挥着重要作用。政府需要从宏观层面制订科学的产业发展规划和政策措施，为战略性新兴产业的发展提供有力的政策支持。政府需要加强产业监管和规范市场秩序，为产业的健康发展提供保障。同时，政府还需要加强与企业的合作和交流，推动产学研用深度融合，促进科技成果的转化和产业化。

在财政政策方面，政府可以通过财政投入、税收优惠、专项资金等手段，加大对战略性新兴产业的支持力度。这些政策能够降低企业的成本，提高其经济效益和市场竞争力，从而激发企业创新和发展的活力。

在金融政策方面，政府可以引导和鼓励金融机构加大对战略性新兴产业的支持力度。通过建立多元化的投融资体系，推动资本市场对战略性新兴产业的关注和支持。同时，政府还可以通过建立风险投资基金、担保基金等，为企业提供融资担保和风险保障，解决企业融资难、融资贵的问题。

除了财政政策和金融政策外，政府还可以采取其他措施促进战略性新兴产业的发展。例如，加强人才培养和引进，为产业发展提供高素质的人才支持；加强国际合作与交流，引进国际先进技术和管理经验；建立完善的知识产权保护体系，保护企业的合法权益；推动绿色发展，加强环保和可持续发展等。企业是战略性新兴产业发展的主体力量。企业需要积极响应政府的政策和措施，加强自身的科技创新能力和市场竞争力。同时，企业还需要积极开拓市场、加强品牌建设和营销推广，提高自身的市场占有率和竞争力。

此外，企业还需要积极参与国际竞争与合作。通过参与国际市场竞争和技术合作，企业可以学习借鉴国际先进经验和技术，提升自身的国际地位和影响力。同时，企业还可以通过国际合作与交流，拓展国际市场和合作机会，为自身的长远发展奠定基础。战略性新兴产业的发展还需要建立健全的监测评估体系。政府和企业需要密切关注产业发展动态和市场变化趋势，对产业发展情况进行实时监测和评估。通过监测评估体系的建立和完善，可以及时发现问题和不足之处，采取有效措施进行改进和完善。同时，监测评估体系还可以为政府和企业提供决策依据和参考，推动产业的健康发展和持续优化。

二、新兴性

战略性新兴产业具有新兴性。这些产业处于技术创新的尖端领域，代表着未来科技和产业发展的方向，具有较高的技术门槛和竞争优势，需要具备先进的技术和创新能力才能在这个领域中立足。同时，这些产业的市场需求和商业模式也在不断变化，企业需要不断创新和适应市场需求，才能在激烈的市场竞争中获得成功。

（一）技术创新

技术创新是战略性新兴产业的核心驱动力。

首先，战略性新兴产业的技术创新具有前沿性和突破性。企业需要具备强大的研发实力和技术创新能力，才能在这个领域中取得突破性的进展。通过持续的技术创新，企业可以开发出更具竞争力的新产品和服务，满足市场需求，并获得更大的市场份额。

其次，战略性新兴产业的技术创新具有跨界性和融合性。这些产业所涉及的技术领域往往跨越了多个领域，需要融合多种技术手段。通过跨界融合，企业可以实现技术的集成创新，创造出更具创新性和实用性的产品和服务。这种跨界融合还促进了不同产业之间的合作与交流，推动了产业之间的协同发展。

再次，战略性新兴产业的技术创新具有可持续性和绿色化。随着社会对环境保护的日益重视，战略性新兴产业的技术创新更加注重可持续性和绿色化。企业通过研发更高效、更环保的生产技术和工艺，降低对环境的影响，推动产业的绿色发展。同时，这些技术创新的可持续性和绿色化也有助于企业获得更多的政策支持和市场认可，提升自身的品牌形象和竞争力。

最后，战略性新兴产业的技术创新具有国际性和开放性。随着全球化的加速和科技的发展，各国之间的技术交流和合作越来越频繁。战略性新兴产业的技术创新不再局限于一个国家或地区，而是具有国际性和开放性。同时，通过国际合作与交流，企业还可以拓展国际市场和合作机会，提升自身的国际影响力和竞争力。

为了促进战略性新兴产业的技术创新，政府和企业需要采取一系列措施。首先，政府需要加大对技术创新的投入和支持力度，鼓励企业加强研发和创新活动。其次，政府需要建立健全的法律法规体系和政策体系，为企业的技术创新提供良好的环境和保障机制。最后，企业需要加强自身的技术研发和创新能力建设。

（二）商业模式创新

商业模式创新是战略性新兴产业发展的重要驱动力。随着技术的不断发展和市场竞争的加剧，企业需要不断地探索新的商业模式和盈利方式，以适应市场的变化和满足客户的需求。

首先，战略性新兴产业的商业模式创新具有技术驱动性。这些产业所涉及的技术领域往往是当前科技发展的最前沿，具有高度的技术门槛和复杂性。技术的不断发展为商业模式创新提供了更多的可能性和空间。企业可以利用先进的技术手段,对传统的商业模式进行升级和改造,提高自身的运营效率和客户体验。

其次,战略性新兴产业的商业模式创新具有客户中心性。随着消费者需求的多样化和个性化,企业需要更加关注客户的需求和体验,以提供更好的产品和服务。商业模式创新需要以客户为中心,了解客户的需求和痛点,提供更加定制化和个性化的产品和服务,提高客户的满意度和忠诚度。

再次,战略性新兴产业的商业模式创新具有平台开放性。随着互联网和移动互联网的普及,平台经济逐渐成为商业模式创新的重要方向。企业可以通过搭建平台、聚集各种资源、建立生态系统,实现与客户的互动和共赢。平台开放性有助于企业拓展业务范围,提高自身的竞争力和创新能力。

最后,战略性新兴产业的商业模式创新具有数据驱动性。随着大数据和人工智能技术的发展,数据已经成为商业模式创新的重要资源。企业可以通过数据分析和挖掘,了解市场需求和客户行为,优化自身的产品和营销策略。数据驱动的商业模式创新有助于企业实现精细化和个性化运营,提高自身的运营效率和盈利能力。

为了应对市场的变化和满足客户的需求,企业需要不断地进行商业模式创新。第一,企业需要保持敏锐的市场洞察力,了解市场的变化趋势和客户需求的变化。通过市场调研和数据分析,企业可以发现新的商业机会和潜在需求,为商业模式创新提供思路和方向。第二,企业需要加强自身的创新能力建设。第三,企业需要勇于尝试新的商业模式和盈利方式。在商业模式创新的过程中,企业需要敢于冒险和尝试,不断试错和调整。通过不断优化和完善商业模式,企业可以提高自身的竞争力和盈利能力。

(三)市场需求变化

市场需求变化是战略性新兴产业发展中不可忽视的因素。战略性新兴产业所涉及的技术和产品往往处于不断变化和发展的状态,因此,市场需求也呈现出较大的不确定性和快速变化的特点。企业需要不断地了解市场需求的变化趋势,及时调整自身的战略和业务模式,以适应市场的变化和抓住商业机会。

首先，战略性新兴产业的市场需求变化具有不确定性。随着技术发展的快速迭代和市场竞争的加剧，市场需求的变化往往难以预测。企业需要具备敏锐的市场洞察力和快速反应能力，及时捕捉市场的变化趋势，并根据市场需求的变化及时调整自身的产品和服务。

其次，战略性新兴产业的市场需求变化具有多样性。由于消费者需求的多样化和个性化，市场的需求也呈现出多样化的特点。企业需要针对不同的市场需求，提供定制化和个性化的产品和服务，以满足市场的多样化需求。同时，企业还需要加强市场调研和数据分析，了解不同市场的需求特点和趋势，为自身的产品和服务开发提供依据和指导。

最后，战略性新兴产业的市场需求变化具有动态性。市场的需求不是一成不变的，而是随着技术、经济、社会等因素的变化而不断变化。企业需要时刻关注市场动态，及时调整自身的战略和业务模式，以适应市场的变化。同时，企业还需要加强自身的创新能力建设，不断推出新产品和服务，引领市场需求的发展。

为了应对市场需求的变化，企业需要采取一系列措施。第一，企业需要建立快速反应机制，及时捕捉市场的变化趋势和需求信息。通过建立高效的市场营销团队和信息反馈机制，企业可以快速了解市场需求变化和竞争态势，为自身的战略和业务模式调整提供依据。第二，企业需要加强自身的创新能力建设。通过不断创新和推出新产品和服务，企业可以满足市场的多样化需求，提高自身的竞争力和市场份额。第三，企业需要建立与客户的紧密合作关系。通过与客户的沟通、互动、合作等方式，企业可以更好地了解客户的需求和反馈，不断优化自身的产品和服务。同时，企业还可以通过与客户的合作，共同开展研发和创新活动，推动产业的发展和进步。

（四）产业变革

产业变革是战略性新兴产业发展中不可避免的趋势。随着技术的不断进步和市场需求的变化，战略性新兴产业的发展将推动整个产业的变革，改变传统的产业格局，为整个产业的发展带来新的机遇和挑战。

首先，战略性新兴产业的兴起将改变传统产业格局。这些新兴产业具有技术先进、创新能力强、市场前景广阔等特点，将逐渐成为未来产业发展的主导力量。与此同时，传统产业将面临转型升级的压力和挑战，需要不断调整自身的战略和业务模式，以适应市场的变化和需求。在这个过程中，新兴产业与传统产业的融合将成为一个重要趋势，通过优势互补和创新协同，推动整个产业的升级和发展。

其次，企业需要加强自身的技术创新和研发能力。通过加大研发投入、引进高素质人才、建立研发中心等方式，企业可以提高自身的技术水平和创新能力，不断推出新产品和服务，满足市场的需求和变化。同时，企业还需要加强与高校、科研机构等的合作与交流，推动科技成果的转化和产业化。

再次，企业需要抓住新兴产业的商业机会。通过市场调研和趋势预测，企业可以了解新兴产业的发展方向和商业机会，积极布局新兴产业领域。同时，企业还需要加强自身的品牌建设和市场营销能力，提高自身的竞争力和市场份额。

最后，企业需要加强自身的风险管理能力。新兴产业的发展存在一定的不确定性和风险性，企业需要加强自身的风险识别能力和管理能力，积极防范和化解各种风险。同时，企业还需要建立灵活的组织结构和快速反应机制，以应对市场的变化和挑战。

此外，政府和社会组织也需要发挥各自的作用。政府可以通过制订相关政策和提供支持措施，促进新兴产业的发展和整个产业的转型升级。社会组织可以通过搭建平台、促进合作、加强交流等方式，帮助企业之间建立良好的合作关系，共同应对产业变革的挑战和机遇。

总之，战略性新兴产业的兴起和发展将推动整个产业的变革。企业需要加强自身的技术创新和研发能力、抓住新兴产业的商业机会、加强自身的风险管理能力，同时加强与各利益相关者的合作与交流，共同应对产业变革的挑战和机遇。通过不断探索和创新，企业可以抓住新的机遇和发展空间，实现自身的可持续发展并推动整个产业的进步。

三、高成长性和高潜力性

战略性新兴产业是当前世界各国竞相发展的重点领域，具备高成长性和高潜力，是未来产业发展的主导力量。这些产业的市场潜力和发展空间巨大，为投资者提供了丰厚的回报机会。同时，随着技术创新和政策支持等因素的推动，这些产业的发展速度非常快，竞争优势和发展动力也较强。

首先，战略性新兴产业的市场潜力巨大。随着科技的不断进步和全球经济的发展，人们对于高质量、高效率、可持续产品和服务的需求不断增加。战略性新兴产业正是以满足这些需求为导向，具备广阔的市场前景和商业机会。例如，新能源、新材料、生物技术、信息技术等领域，其产品和服务在环保、医疗、交通、教育等方面有着广泛的应用，市场潜力巨大。

其次，战略性新兴产业的发展空间广阔。这些产业处于不断发展和完善的过程中，其技术和产品不断创新和升级，具有较高的技术门槛和竞争优势。同时，随着全球化和信息化的发展，战略性新兴产业的市场空间也在不断扩大。企业可以通过技术创新和品牌建设等方式，不断提高自身的竞争力和市场份额，实现快速发展和扩张。

再次，战略性新兴产业的发展速度快。随着技术创新和政策支持等因素的推动，战略性新兴产业的发展速度非常快，甚至超过了传统产业的发展速度。例如，在信息技术领域，云计算、大数据、人工智能等技术的快速发展和应用，推动整个产业的快速发展和变革。在新能源领域，随着环保意识的提高和政策的支持，新能源产业也得到了快速发展和推广。

最后，战略性新兴产业的竞争优势和发展动力较强。这些产业通常具备技术先进、创新能力强、人才聚集等特点，具有较强的竞争优势和发展动力。同时，随着技术的不断进步和应用领域的拓展，这些产业的竞争优势和发展动力还将不断增强。例如，在生物技术领域，基因编辑、细胞治疗等技术的突破和应用为生物技术产业的发展提供了强大的动力和竞争优势。

第二节　企业成长模式理论

一、企业成长模式的多样性

（一）规模扩张模式

规模扩张模式是指企业通过扩大生产规模和增加市场份额来提高自身的竞争力和盈利能力。这种成长模式是企业发展中的常见方式之一，通常适用于市场空间较大、企业具备一定规模扩张优势的领域。首先，规模扩张可以降低企业的单位成本，提高生产效率。随着生产规模的扩大，企业的固定成本可以被更多地分摊，从而降低单位产品的成本。同时，规模扩张还有助于企业实现规模经济效应，提高生产效率，进一步降低成本。在竞争激烈的市场环境中，低成本是企业赢得竞争优势的重要因素之一。其次，规模扩张有助于企业提高市场份额，增强市场地位。随着生产规模的扩大，企业可以增加对市场的供给，提高市场份额。较高的市场份额意味着企业在市场中的话语权和影响力增强，能够更好地抵御竞争对手的冲击，保持市场的稳定和企业的持续发展。再次，规模扩张可以促进企业进行技术创新和产品升级。在扩大生产规模的过程中，企业需要不断引进新技术、更新设备，以提高生产效率和产品质量。最后，规模扩张带来的市场份额增加也可以为企业提供更多的销售数据和市场反馈，有助于企业更好地了解市场需求和消费者偏好，进一步推动技术创新和产品升级。

规模扩张模式也存在着一定的风险和挑战。如果企业在规模扩张中缺乏足够的资源投入，可能会导致扩张受阻和市场地位下降。首先，企业需要深入分析市场趋势和竞争格局，明确自身的定位和发展方向。在制订规模扩张策略时，需要考虑自身的资源和能力状况，确保扩张计划的可行性和可持续性。其次，企业需要注重技术创新和产品升级，以保持竞争优势和领先地位。

（二）多元化发展模式

多元化发展模式是指企业在原有产业基础上拓展新的产业领域，以实现多元化发展的战略。这种成长模式可以帮助企业降低经营风险，提高市场适应性，进一步增强企业的竞争力和盈利能力。首先，多元化发展可以降低企业的经营风险。企业在单一产业或市场中经营时，容易受到宏观经济环境、政策法规、市场需求等因素的影响，经营风险较大。而多元化发展可以使企业涉足多个产业或市场，从而分散经营风险。即使某个产业或市场出现不利变化，企业也可以在其他产业或市场中取得稳定的收入和利润，保持整体的稳定发展。其次，多元化发展可以提高企业的市场适应性。随着市场的不断变化和消费者需求的多样化，企业需要不断地调整自身的产品和服务来适应市场需求。再次，多元化发展可以使企业更加灵活地应对市场变化，通过在不同产业或市场中运营，企业可以更好地了解不同市场的需求和趋势，从而有针对性地进行产品和服务创新，提高市场适应性。最后，多元化发展可以帮助企业实现资源共享和协同效应。在不同产业或市场中经营时，企业可以共享原有的技术、品牌、渠道等资源，提高资源利用效率。同时，多元化发展可以使企业在不同产业或市场之间形成协同效应，通过互补和相互支持，实现整体的发展和提升。

多元化发展模式也存在一定的风险和挑战。首先，企业需要具备足够的资源和能力来支撑多元化发展，包括资金、技术、人才等方面的支持。如果企业在多元化发展中盲目扩张，可能会导致资源分散和核心竞争力下降。随着涉足的产业或市场增多，管理层需要面对更加复杂和多样化的经营问题，管理难度加大。其次，企业需要深入分析市场趋势和消费者需求，明确自身的定位和发展方向。在制订多元化发展战略时，需要考虑自身的资源和能力状况，确保多元化发展的可行性和可持续性。最后，企业需要注重核心竞争力的培育和提升。核心竞争力是企业实现多元化发展的基础和支撑，企业需要不断地进行技术创新和品牌建设等方面的投入，以保持竞争优势和领先地位。

（三）技术创新模式

技术创新模式是一种以技术研发和创新为核心的发展战略，旨在通过不断地技术创新和产品研发，提高产品的技术含量和附加值，从而实现高技术、高附加值的发展。这种模式需要企业具备较强的技术研发能力和创新能力，以应对不断变化的市场需求和技术环境。在技术创新模式下，企业需要注重技术研发和产品创新，不断推出具有竞争力的新产品和技术。这需要企业在技术研发方面进行持续的投资，建立完善的技术研发体系，培养高素质的技术人才，以确保在技术上始终保持领先地位。同时，企业还需要注重市场需求的变化，及时调整产品和技术方向，以满足客户的需求。为了实现技术创新模式的发展，企业需要采取一系列措施。首先，企业需要建立完善的技术创新机制，包括技术创新组织、技术创新流程和技术创新奖励等，以激发员工的创新意识和创造力。其次，企业需要加强与高校、科研机构等的合作，共同开展技术研究和开发，加速技术成果的转化和应用。最后，企业需要积极参与国际技术交流和合作，吸收国际先进技术和管理经验，提高自身的技术水平和创新能力。

技术创新模式具有许多优势。首先，通过技术创新和产品研发，企业可以不断推出新产品和技术，提高产品的附加值和市场竞争力。其次，技术创新有助于企业提高生产效率和降低成本，从而获得更多的市场份额和利润空间。最后，技术创新有助于企业建立品牌形象和提高知名度，增强企业的软实力。

技术创新模式也存在一些挑战和风险。首先，技术创新需要大量的资金投入，如果投入不足或投资方向错误，可能会导致技术创新失败或效果不佳。其次，技术创新需要较长的时间和持续的努力，可能需要面对竞争对手的打压和市场变化的挑战。最后，技术创新需要高素质的人才和技术支持。如果缺乏这些资源，可能会影响技术创新的进程和质量。

为了应对这些挑战和风险，企业需要采取一系列措施。首先，企业需要制订科学的技术创新规划和预算，确保资金的有效投入和合理使用。其次，企业需要加强团队建设和人才培养，提高技术研发人员的素质和能力。最后，企业需要建立完善的风险控制机制和技术创新评估体系，及时发现和解决技术创新中存在的问题和风险。

二、企业成长模式的演变

（一）小作坊模式

在工业革命之前，企业的成长模式主要是小作坊模式。这种模式下，企业的规模通常较小，由一个或几个业主负责管理和运营。小作坊的生产过程相对简单，产品种类也比较单一，主要集中在某一特定的领域或产品上。由于规模较小，小作坊通常只拥有少量的员工，甚至有些只有业主自己动手进行生产。

小作坊模式的特点在于其灵活性高，适应市场变化能力强。由于规模较小，小作坊可以更加快速地调整生产方向和产品种类，以适应市场需求的变化。同时，由于小作坊通常由业主自己管理，决策过程简单快速，能够快速抓住市场机会。

然而，小作坊模式的局限性也很明显。首先，由于规模较小，小作坊的生产能力和市场拓展能力有限，很难实现大规模的扩张和发展。其次，小作坊的管理模式相对简单，缺乏现代化的管理理念和手段，可能导致生产效率低下和资源浪费。最后，小作坊的资本投入较少，可能会限制其在技术创新和设备更新方面的投入，影响其长期发展。虽然小作坊模式存在一定的局限性，但是在工业革命之前，小作坊模式的存在推动了手工业的发展，为工业化生产奠定基础。同时，小作坊模式也培养了一批具有专业技能和管理才能的业主和员工，为后来的工业化生产和企业管理提供了人才支持。

（二）家族企业模式

随着工业革命的发展，家族企业模式逐渐崭露头角，成为主流的企业成长模式之一。家族企业通常由一个家族控制，管理层和员工大多也是家族成员。这种模式下的企业凝聚力强，具有共同的目标和价值观，能够快速应对市场变化。家族企业通常有一个明确的家族领导核心，家族成员之间具有紧密的血缘关系和信任基础。这种领导核心能够有效地集中资源和权力，实现快速决策和执行力。在创业初期，家族企业模式能够提供强大的支持和动力，帮助企业在竞争激烈的市场中立足。

　　然而，家族企业模式也存在一些问题。管理层和员工大多来自家族内部，缺乏外部的专业知识和经验，可能导致决策风险较高。同时，家族企业中的裙带关系和亲情观念可能影响企业的治理结构和经营管理，导致企业难以实现持续健康发展。此外，家族企业模式在财务管理方面也存在一定的风险。家族成员通常对财务知识和管理经验有限，可能缺乏有效的财务管理体系和内部控制机制。这可能导致企业存在财务漏洞和风险隐患，影响企业的稳定和发展。

　　为了克服这些问题，家族企业需要采取一系列措施。首先，家族企业需要建立完善的管理制度和治理结构，确保企业的决策和管理科学化、规范化。其次，家族企业需要加强外部合作和交流，吸收专业知识和经验，提高自身的经营水平和竞争力。最后，家族企业需要加强财务管理和风险控制，建立有效的财务体系和内部控制机制，确保企业的财务状况健康稳定。

（三）股份公司模式

　　随着市场经济的发展，股份公司模式逐渐兴起，成为企业成长的一种重要形式。股份公司通过发行股票等方式吸引外部投资者，实现企业规模的快速扩张。这种模式下，企业的所有权和经营权分离，管理层受到股东的监督和制约，有利于提高企业的决策效率和经营水平。

　　股份公司模式的特点在于其开放性和扩张性。通过发行股票，企业能够迅速筹集大量资本，实现规模扩张和业务拓展。同时，股份公司模式有利于分散风险，吸引更多的投资者，为企业提供稳定的资金来源。在股份公司模式下，企业的所有权和经营权分离。股东拥有企业的所有权，但日常经营决策和管理则由董事会和职业经理人负责。这种分离模式有利于提高企业的决策效率和经营水平。董事会作为股东的代表，负责制订企业的发展战略和监督经理人的工作表现。职业经理人则拥有专业的管理知识和经验，负责企业的日常经营和管理。

　　然而，股份公司模式也存在一些问题。首先，企业的所有权和经营权分离可能会导致管理层与股东之间的利益冲突。管理层可能为了自身的利益而牺牲股东的利益，导致企业的经营绩效下降。其次，股份公司的开放性使得企业容易受到外部市场的影响，股价波动可能会影响企业的稳定发展。最后，股份公司需要面对更加严格的监管和信息披露要求，增加了企业的合规成本。

（四）跨国公司模式

随着全球化进程的加速，跨国公司模式逐渐崭露头角，成为企业成长的主流模式之一。跨国公司通过在全球范围内设立分支机构和子公司，实现资源的全球配置和市场的全球化拓展。这种模式下，企业需要具备全球化的战略视野和管理能力，以应对不同国家和地区的文化和市场差异。

跨国公司模式的特点在于其全球化和多元化。企业不仅需要在不同国家和地区设立分支机构和子公司，而且需要面对不同市场的政治、经济、文化等方面的差异。为了实现全球化的发展，企业需要具备强大的资源配置和协调能力，实现资源的优化利用和高效运作。同时，跨国公司模式需要企业具备先进的管理理念和手段。由于不同国家和地区的文化和市场存在差异，企业需要制订针对性的市场策略和管理制度，确保在不同市场中的稳定发展。企业还需要建立有效的信息共享和沟通机制，加强内部协作和团队建设，提高整体运营效率。

然而，跨国公司模式也面临着一系列挑战。首先，不同国家和地区的政治、经济和文化差异可能导致企业在经营和管理方面存在困难。例如，企业在不同市场中的法律法规遵守、文化融合等方面可能面临挑战。其次，跨国公司的资源配置和协调能力需要达到较高水平，以确保资源的优化利用和高效运作。最后，企业需要加强风险管理，应对不同市场中的政治风险、汇率风险等方面的挑战。

为了应对这些挑战，企业需要加强市场调研和文化交流，了解不同国家和地区的文化和市场需求，制订针对性的市场策略和管理制度。

跨国公司模式在全球经济中具有重要意义。跨国公司模式的出现促进了资源的全球配置和市场的全球化拓展，为企业提供了更广阔的发展空间和机遇。同时，跨国公司模式还有利于推动国际贸易和技术交流，促进不同国家和地区之间的经济合作和发展。

三、企业成长模式的启示

（一）灵活适应市场变化

从小作坊模式到跨国公司模式，企业的成长模式在不断地演变和进化。在这个过程中，可以清晰地看到，灵活适应市场变化是企业生存和发展的关键所在。市场环境瞬息万变，客户需求也在不断变化，企业必须紧跟市场的步伐，快速调整自身的战略、产品和服务，以满足客户的需求。首先，企业需要建立灵活的市场响应机制。这包括建立敏锐的市场洞察力，及时捕捉市场变化和趋势以及快速的产品和服务创新能力。企业需要有一支专业、高效的市场团队，能够深入了解客户需求，把握市场动态，为企业的战略决策提供有力支持。其次，企业需要注重产品和服务的持续创新。创新是企业保持竞争力的关键，企业需要不断推陈出新，以满足客户日益多样化的需求。这需要企业具备强大的研发能力和技术实力，同时还需要建立开放的创新体系，鼓励内部员工和外部合作伙伴共同参与创新活动。通过持续的创新，企业可以不断提升产品和服务的质量和附加值，从而赢得客户的信任和忠诚度。此外，企业还需要注重品牌建设和市场营销。品牌是企业的形象和信誉，是企业赢得客户的重要资产。最后，企业需要制订明确的品牌战略，注重品牌形象的塑造和传播。同时，企业还需要加强市场营销工作，通过多种渠道和营销手段提升品牌知名度和客户满意度。

（二）优化资源配置

企业成长模式的演变不仅仅是一个形式上的变化，更是企业应对市场环境、技术进步和管理挑战的策略性调整。在这个过程中，优化资源配置的重要性逐渐凸显。从家族企业模式到跨国公司模式，企业规模的扩张和业务的多样化带来了资源需求的增加。为了实现可持续发展，企业必须具备高效配置和利用资源的能力。首先，优化资源配置可以帮助企业实现规模经济和范围经济。通过集中资源和能力，企业可以在特定的业务领域或市场中获得更大的竞争优势。资源的优化配置可以降低成本、提高生产效率，进一步增强企业的盈利能力。同时，资源的合理分配可以支持企业的多元化战略，拓展新的业务领域，实现业务的快速增长。其次，优化资源配置有助于企业提高市场响应速度。在快速变化的市场环境中，企业需要及时捕捉和满足客户需求，抓住市场机会。最后，优化资源配置可以使企业更加灵活地调整资源分配，迅速应对市场变化。例如，企业可以根据市场需求的变化，快速调整生产和销售策略，提高产品的市场占有率。在全球化的背景下，优化资源配置对于企业来说尤为重要。

随着国际贸易和技术交流的日益频繁，企业需要充分利用全球资源来提高自身的竞争力。国际化的视野和资源整合能力成为企业成功的关键因素。通过在全球范围内优化资源配置，企业可以降低生产成本、获取先进技术、拓展国际市场，从而实现自身的快速发展。为了实现资源的优化配置，企业需要采取一系列策略和措施。第一，企业需要制订明确的战略规划，明确资源配置的目标和方向。这包括分析企业的核心资源和能力、评估市场机会和竞争态势、制订具体的业务发展计划等。第二，企业需要建立完善的组织结构和业务流程，确保资源的合理分配和高效利用。这包括优化组织结构、加强内部协作、提高流程效率等。第三，企业需要注重人才培养和引进，提高管理团队的专业素质和国际化水平。通过培训、激励和引进外部优秀人才，企业可以提升资源的管理和利用水平。第四，在跨国公司模式中，企业需要特别关注国际市场的文化和制度差异对资源配置的影响。文化差异可能导致企业在人力资源管理、沟通协调和市场策略等方面遇到挑战。因此，企业需要加强对目标市场的文化了解，尊重当地的文化习俗和价值观，避免文化冲突。同时，企业还需要关注当地的法律法规、政策环境和商业惯例等因素，确保在合法合规的前提下进行资源配置和业务拓展。第五，为了实现资源的优化配置，企业还需要建立有效的信息共享和沟通机制。这可以帮助企业内部各部门之间实时掌握资源的使用情况和需求变化，及时调整资源配置策略。同时，通过加强与外部合作伙伴的信息交流和合作，企业可以更好地整合全球资源，实现互利共赢的局面。

（三）建立现代治理结构

随着企业规模的扩大和市场竞争的加剧，建立现代治理结构已成为企业发展的关键要素。现代治理结构不仅有助于企业规范管理层行为，提高决策效率和经营水平，而且可以为企业吸引更多的投资者和合作伙伴，提供稳定的资金来源和资源支持。

首先，现代治理结构的核心在于建立有效的监督机制。企业需要设立独立的董事会，使其能够履行监督职责，确保管理层的行为符合企业利益和法律法规。董事会应该具备专业知识和经验，能够对企业的战略决策、财务报告和风险管理工作进行有效监督。同时，企业还需要建立内部审计和外部监管机构，对企业的运营和管理进行全面的监督，及时发现和纠正存在的问题。

其次，规范管理层行为是现代治理结构的重要任务。企业需要建立完善的股权激励、绩效考核和道德准则等机制，确保管理层的利益与股东的利益相一致，提高管理层的责任心和敬业精神。通过这些机制，企业可以有效地激励管理层发挥其创造力和才能，为企业的发展作出更大的贡献。

再次，提高决策效率和经营水平是现代治理结构的直接目的。企业需要建立科学的决策机制，确保决策过程透明、公正和高效。董事会和管理层应该明确各自的决策权限和责任，避免权力过于集中或分散。同时，企业还需要建立完善的风险管理机制，对可能影响企业经营的风险进行及时识别、评估和控制。通过有效的风险管理，企业可以降低经营风险，提高经营的稳定性和可持续性。

最后，现代治理结构还有助于企业吸引更多的投资者和合作伙伴。投资者和合作伙伴通常更愿意与治理结构完善、透明度高的企业合作。一个规范的治理结构可以增强投资者和合作伙伴对企业的信任和信心，降低合作风险。同时，良好的治理结构也有助于提高企业的声誉和市场形象，进一步增强企业的竞争力和吸引力。为了实现稳定的资金来源和资源支持，企业需要与投资者建立长期、互信的合作关系。企业应该积极向投资者传递透明、准确的信息，加强与投资者的沟通和交流。同时，企业还需要注重与合作伙伴的关系管理，通过资源共享、优势互补等方式实现互利共赢的合作模式。

（四）加强人才培养和引进

无论是家族企业模式还是跨国公司模式，企业持续发展的核心动力都来自人才。优秀的人才不仅是企业创新的源泉，而且是企业竞争力的关键。因此，建立完善的人才培养和引进机制是企业在激烈的市场竞争中立于不败之地的关键。

首先，人才培养是企业持续发展的基石。企业需要重视员工的职业发展，提供系统的培训和教育，不断提升员工的专业素质和工作能力。这不仅有助于员工个人成长，而且能为企业培养一批忠诚、有能力的团队。企业应该建立完善的培训体系，定期开展内部培训、外部培训和在线课程，满足员工不同层次的学习需求。此外，企业还可以通过轮岗、晋升和激励等方式，鼓励员工积极进取，提高自身能力。

其次，引进优秀人才是企业发展的关键。企业需要不断拓宽人才渠道，吸引外部优秀人才加入。这不仅包括高级管理人才，而且包括技术专家、市场营销专家等各方面的人才。企业可以通过招聘、猎头公司、社交媒体等途径寻找合适的人才，并为其提供良好的工作环境和发展空间。为了留住优秀的人才，企业还需要建立完善的激励机制，包括薪酬福利、奖金激励、股权激励等，确保人才的回报与付出相匹配。

再次，企业文化和激励机制也是企业吸引和留住人才的重要因素。企业文化是企业核心价值观的体现，良好的企业文化可以增强员工的归属感和忠诚度。企业应该倡导积极向上的文化氛围，鼓励团队合作、创新和进取精神，使员工在企业中感受到家的温暖和事业的成就感。同时，企业还需要建立公平、透明的激励机制，确保员工的付出得到应有的回报。这不仅可以激发员工的积极性和创造力，而且能增强企业的凝聚力和向心力。

最后，企业还需要关注员工的心理健康和工作生活平衡。在竞争激烈的市场环境中，员工可能面临工作压力和心理挑战。企业应该提供必要的心理辅导和支持，帮助员工缓解压力、提高心理健康水平。同时，企业还应该关注员工的工作生活平衡，鼓励员工合理安排工作和生活时间，避免过度劳累和职业倦怠。

（五）风险管理至关重要

随着企业规模的扩大和业务范围的拓展，企业所面临的风险也日益复杂和多样化。风险管理成为企业成长过程中的重要方面，对于保护企业资产、提高经营的稳定性和可持续性具有重要意义。企业需要建立完善的风险管理机制。这包括设立专门的风险管理部门、制定风险管理政策和流程、建立风险数据库和模型等。通过这些机制,企业可以加强对风险的识别、评估和控制,提高风险应对的能力和效率。

在风险识别方面,企业需要对各种可能影响企业经营的风险进行全面地了解和掌握。这包括市场风险、信用风险、操作风险、法律风险等各个方面。企业需要收集相关的数据和信息,运用定性和定量分析方法,及时发现潜在的风险点。

在风险评估方面,企业需要根据识别的风险进行量化和定性分析,评估其对企业的潜在影响程度和可能性。企业需要建立风险评估模型,对风险进行分级分类管理,为制订针对性的风险应对策略提供科学依据。

在风险控制方面,企业需要采取有效的措施对风险进行预防和应对。这包括制订风险防范措施、建立风险应急预案、加强内部审计和外部监管等。企业还需要定期对风险管理机制的有效性进行评估和调整,确保其始终能反映当前的市场环境和企业的实际情况。

除了完善风险管理机制之外,企业还需要关注国际政治、经济和金融市场的动态。随着全球化的加速发展,国际市场的波动对企业的影响越来越大。企业需要加强对国际市场的监测和分析,及时掌握相关信息和数据,为制订针对性的风险应对策略提供支持。针对不同的风险类型,企业需要制订针对性的应对策略。例如,对于市场风险,企业可以采取多元化投资、分散资产配置等策略来降低风险;对于信用风险,企业可以加强对客户信用评估的管理,提前预警并采取应对措施;对于操作风险,企业可以加强内部控制和监督,减少人为错误或舞弊行为的发生。为了确保风险管理工作的有效实施,企业还需要加强人才队伍建设。培养具备风险管理专业知识和实践经验的人才,增强他们的风险管理意识和能力。通过定期培训、交流和分享经验,企业可以不断提升整个团队的风险管理水平。此外,企业还需要注重与外部机构的合作与沟通。与监管机构、行业协会和国际组织保持密切联系,共同应对全球性的风险挑战。通过信息共享、政策交流和协同行动,企业可以更好地适应不断变化的市场环境,降低外部风险对企业的影响。

第三节 企业创新理论

一、企业创新理论的概念

企业创新理论是一个涉及企业战略、组织结构、市场定位等多个方面的综合性理论。它强调企业必须不断地进行创新，以适应快速变化的市场环境，提高自身的竞争力。首先，企业创新理论认为，创新是企业发展的重要驱动力。在市场竞争日益激烈的今天，企业要想保持领先地位，必须不断地推陈出新，持续推出具有竞争力的产品和服务。只有通过创新，企业才能满足消费者不断变化的需求，抢占市场份额，实现持续增长。其次，企业创新理论还指出，创新是企业持久竞争优势的来源。企业的竞争优势往往来源于其独特的产品、技术或市场定位。通过不断创新，企业可以巩固和扩大自身的竞争优势，使竞争对手难以模仿和超越。这种持久的竞争优势可以帮助企业在市场中保持领先地位，实现长期的成功。

二、企业创新的重要性

（一）应对市场变化

在当今科技迅猛发展和市场竞争日益激烈的环境下，企业面临着前所未有的挑战和机遇。市场变化的速度之快，让许多企业措手不及，但同时也为企业提供了创新和发展的空间。企业必须不断创新，以应对市场变化，满足消费者不断变化的需求，从而在市场中占据一席之地。首先，企业需要不断创新，以应对市场的快速变化。随着科技的发展，新的产品和技术不断涌现，消费者对于产品和服务的需求也日益多样化。企业需要密切关注市场趋势，及时把握消费者的需求和偏好，通过创新推出符合市场需求的产品和服务。只有紧跟市场的步伐，企业才能保持竞争力，赢得消费者的青睐。其次，创新是企业推出新产品和服务的关键。在市场竞争激烈的今天，企业要想抢占市场份额，必须不断推陈出新。创新可以帮助企业打破同质化竞争的局面，开发出具有独特优势的产品和服务。通过创新，企业可以创造新的市场机会，满足消费者未被满足的需求，从而获得更多的市场份额。

为了应对市场变化，企业需要采取一系列策略和措施。首先，企业需要建立灵活的组织结构，鼓励员工之间的交流和合作。通过内部的信息共享和知识传递，企业可以激发新的创意和想法，推动创新的形成。其次，企业需要加强研发投入，不断推动技术的创新和发展。技术是推动企业发展的重要驱动力，只有具备领先的技术优势，企业才能在激烈的市场竞争中脱颖而出。企业需要加大在研发方面的投入，不断探索新的技术和产品，提高自身的核心竞争力。再次，企业需要关注市场需求的变化，根据市场趋势进行创新的规划和布局。通过市场调研和数据分析，企业可以了解消费者的需求和偏好，从而开发出更符合市场需求的产品和服务。同时，企业还需要建立快速响应市场变化的机制，及时调整产品策略和营销策略，抓住市场机遇。最后，企业需要加强与外部机构的合作和交流。通过资源共享和优势互补，企业可以实现更广泛的创新合作。

（二）提高企业竞争力

在激烈的市场竞争中，企业要想立于不败之地，必须不断提高自身的竞争力，而创新正是提高企业竞争力的关键所在。通过技术创新、管理创新、市场创新等多种手段，企业可以降低成本、提高效率、增强盈利能力，从而在市场竞争中获得优势。首先，技术创新是企业提高竞争力的核心。随着科技的不断进步，新技术、新产品不断涌现，为企业提供了新的发展机遇。通过技术创新，企业可以开发出具有独特优势的产品和服务，满足消费者不断变化的需求。其次，管理创新也是提高企业竞争力的关键因素。企业管理是企业发展的基础，只有高效、科学地管理才能使企业更好地应对市场的挑战。通过管理创新，企业可以优化内部管理流程、提高决策效率、激发员工的积极性和创造力。管理创新可以帮助企业建立更加科学、高效的管理体系，提高企业的整体运营效率和市场竞争力。市场创新也是提高企业竞争力的重要手段。市场是企业发展的舞台，只有不断创新市场策略、拓展市场份额，才能使企业在市场竞争中占据优势。通过市场创新，企业可以发现新的市场机会、拓展新的销售渠道、打造独特的品牌形象。最后，市场创新可以帮助企业更好地满足市场需求、提升品牌价值，从而在市场竞争中获得更大的优势。为了提高企业竞争力，企业需要采取一系列策略和措施。同时，企业还需要建立科学的管理体系和创新团队，为企业的创新发展提供强大的支持。

（三）创造新的增长点

创新是企业发展的源动力，其不仅可以应对市场变化和提高企业竞争力，而且可以为企业创造新的增长点。通过开拓新的市场、开发新的产品和服务，企业可以实现业务的扩张和增长，为未来的发展奠定坚实的基础。首先，创新可以帮助企业开拓新的市场。在市场竞争日益激烈的今天，企业要想获得更大的发展空间，必须开拓新的市场。通过市场调研和技术创新，企业可以发现新的市场需求和潜在客户，从而开发出符合市场需求的产品和服务。这种创新可以帮助企业打破现有的市场格局，抢占市场份额，实现业务的快速扩张。其次，创新可以帮助企业开发新的产品和服务。通过技术创新和市场调研，企业可以开发出更具竞争力的新产品和服务，从而抢占市场先机。这种创新不仅可以增加企业的销售额和市场份额，而且可以提高企业的品牌知名度和美誉度。

为了创造新的增长点，企业需要采取一系列策略和措施。首先，企业需要加强市场调研，了解消费者的需求和偏好。通过深入了解市场趋势和消费者需求，企业可以发现新的市场机会和潜在客户，从而制订更加科学的市场策略。其次，企业需要加强技术研发和创新投入。技术创新是企业创造新的增长点的关键因素之一。最后，企业需要注重品牌建设和市场推广。品牌形象和市场口碑是企业发展的重要保障。企业需要加强品牌建设和市场推广，提高品牌的知名度和美誉度，从而吸引更多的潜在客户和市场份额。同时，企业还需要不断创新营销策略和渠道拓展，提高销售业绩和市场占有率。

三、企业创新的影响因素

（一）内部因素

在探讨企业创新的课题中，内部因素是一个不可或缺的环节。内部因素涵盖企业的多个方面，包括组织结构、企业文化、资源分配和人才队伍等。这些因素共同构成了企业创新的基石，并对其产生深远的影响。企业的组织结构是影响创新的重要因素之一。一个灵活、开放的组织结构能够更好地适应外部环境的变化，促进内部的信息交流和创意碰撞。在这样的组织结构下，员工之间的合作与沟通更为顺畅，不同部门之间的壁垒被打破，从而有利于创新思想的产生和实施。同时，一个高效的组织结构还能确保创新活动的顺利进行，减少不必要的内耗和延误。企业文化对于创新的影响也不容忽视。一个鼓励创新、宽容失败、注重团队合作的文化氛围能够激发员工的创造力和创新意识。在这样的企业文化熏陶下，员工更愿意积极参与创新活动，为企业的发展贡献智慧和力量。此外，企业文化还能通过价值观和行为准则的引导，帮助员工树立正确的创新观念和态度。

资源分配也是影响企业创新的重要因素之一。企业需要为创新活动提供充足的资源支持，包括资金、技术和人力等。合理配置资源能够确保创新活动的有效推进，为其提供必要的物质保障。同时，企业还需要根据创新项目的特点和需求，灵活调整资源分配，以确保资源的合理利用和效益最大化。人才队伍是企业创新的另一个关键因素。具备创新思维、专业技能和丰富经验的人才是企业实现创新发展的核心动力。一个优秀的人才队伍能够为企业带来新的思想、技术和市场机会。因此，企业需要加大在人才培养和引进方面的投入，建立完善的人才管理体系，激发人才的创新潜能，为企业的创新发展提供源源不断的人才支持。为了更好地推动企业创新，企业还需要建立完善的创新机制。这包括创新流程的规范、创新成果的评估与转化、知识产权的保护与管理等方面。通过建立科学、合理的创新机制，企业能够确保创新活动的有序开展，提高创新的效率和成功率。同时，完善的创新机制还能帮助企业更好地整合内外部资源，加强与外部合作伙伴的协同创新，拓展创新的渠道和空间。

（二）外部因素

除了内部因素外，外部因素也是影响企业创新的重要方面。外部因素涵盖市场需求、政策环境、行业竞争等多个方面，这些因素不仅为企业创新提供了动力和机遇，而且带来了挑战和风险。市场需求是推动企业创新的重要力量。随着消费者需求的不断变化和升级，企业需要紧跟市场趋势，不断推陈出新，以满足消费者的需求。通过对市场需求的深入了解和准确把握，企业可以发现新的商业机会和潜在需求，从而开发出更具竞争力的产品和服务。同时，市场需求的变化还能促使企业不断优化自身的业务模式和运营管理，提升创新能力和市场适应性。政策环境对企业创新的影响也不容忽视。政府的政策导向和政策支持能够为企业创新提供有力的保障和支持。例如，政府可以通过财政补贴、税收优惠等政策措施，降低企业的创新成本和风险；也可以通过制定行业标准和规范，引导企业进行技术创新和质量提升。企业需要关注政策环境的变化，充分利用政策资源，以推动自身的创新发展。

行业竞争也是影响企业创新的重要因素之一。行业竞争的激烈程度、竞争对手的策略和行动等因素都会对企业创新产生直接或间接的影响。企业需要时刻关注行业动态和竞争对手的动向，及时调整自身的战略和业务模式，以应对市场竞争的压力和挑战。同时，企业还可以通过与竞争对手的合作和交流，实现资源共享和优势互补，共同推动行业的创新和发展。为了应对外部因素的影响，企业需要采取一系列策略和措施。首先，企业需要建立完善的市场信息收集和分析体系，及时了解市场需求的变化和趋势，为产品和服务的设计和开发提供依据。其次，企业需要加强与政府部门的沟通和合作，积极参与行业协会和公共机构的活动，为行业发展和政策制定提出有益的建议。再次，企业需要制订科学的市场竞争策略，根据行业特点和自身优势，选择合适的市场定位和发展方向。最后，企业需要不断优化自身的业务模式和运营管理，提高效率和降低成本，以应对市场竞争的压力和挑战。

四、企业创新的实施策略

（一）培养创新文化

在一个不断变化和竞争激烈的市场环境中，创新是企业持续发展的关键，培养创新文化则是企业实现创新的重要基础。创新文化是一种开放、包容、鼓励创新的氛围和文化，能够激发员工的创造力和创新精神，推动企业不断推陈出新，适应市场的变化和需求。首先，培养创新文化需要打破传统的思维模式和组织结构。传统的思维模式和组织结构往往限制了员工的创造力和创新精神，阻碍了企业的创新发展。因此，企业需要建立一种开放、包容、鼓励创新的思维模式和文化，鼓励员工积极提出新的想法和意见，打破传统的思维定势和组织壁垒。通过这样的思维模式和文化氛围，企业能够激发员工的创造力和创新精神，推动企业的创新发展。其次，培养创新文化需要建立有效的激励机制。员工是企业创新的主体，建立有效的激励机制能够激发员工的创新热情和创造力。企业可以通过设立创新奖励、提供晋升机会等方式，激励员工积极参与到创新活动中来。同时，企业还需要建立科学的评价机制，对员工的创新成果进行科学、客观地评价和激励，以促进员工的创新动力和积极性。最后，培养创新文化需要加强团队建设。团队是企业创新的重要力量，加强团队建设能够提高团队的凝聚力和创造力。企业可以通过组织各种形式的团队活动、加强团队成员之间的沟通和协作等方式，提高团队的协作能力和创新能力。同时，企业还需要注重跨部门、跨领域的合作与交流，促进不同领域之间的知识共享和创意碰撞，以推动企业的整体创新发展。

（二）加强研发投入

加强研发投入，推动技术创新，是企业实现持续发展的必然选择。

第一，加强研发投入是企业提升技术创新能力的基础。企业只有不断投入研发资源，才能不断创新和发展技术，保持技术领先的优势。在市场竞争中，具备领先技术的企业往往能够更好地满足客户需求，提升产品和服务的质量和竞争力。同时，技术创新还能为企业带来更多的商业机会和市场份额，提升企业的整体竞争力和盈利能力。

第二，加强研发投入需要注重人才培养和引进。具备高素质的研发人才是企业实现技术创新的重要保障。企业需要加大在人才培养和引进方面的投入，建立完善的人才管理体系，吸引和留住优秀的研发人才。同时，企业还需要注重人才的多元化和国际化，引进不同领域和不同文化背景的研发人才，为企业带来更广泛的创新思路和视角。

第三，加强研发投入需要建立科学的研发管理体系。科学的研发管理体系能够提高研发效率和成功率，降低研发成本和风险。企业需要建立完善的研发流程和项目管理机制，加强对研发项目的全流程管理和监控。同时，企业还需要注重知识产权的保护和管理，保护研发成果和创新权益，激发研发人员的创新热情和积极性。

第四，加强研发投入需要与外部机构合作和交流。与高校、科研机构和其他企业建立合作关系，共同开展研发活动，可以加速技术创新的进程，提高创新的成功率。通过资源共享和优势互补，企业可以实现更广泛的创新合作，拓展业务领域和市场空间。同时，企业还需要积极参加行业展会、学术交流等活动，了解行业动态和技术发展趋势，与外部机构建立良好的合作关系。

第五，加强研发投入需要注重市场化和商业化。企业投入大量资源进行研发创新的目的是实现商业价值。因此，企业需要加强市场转化能力，将技术创新成果转化为具有市场竞争力的产品和服务。同时，企业还需要注重与客户的沟通和互动，深入了解客户需求和市场反馈，以提高产品和服务的质量和满意度。只有将技术创新与市场需求相结合，才能实现真正的商业价值和社会价值。

（三）引入创新人才

一个优秀的创新人才不仅能够为企业带来新的思维和创意，而且能够推动企业技术的创新和产品的升级。因此，企业应该积极引进具备创新思维和创新能力的人才，为企业的创新发展提供强大的支持。

首先，引入创新人才能够为企业带来新的思维和创意。创新人才通常具备独特的思维方式和创新能力，能够从不同的角度思考问题，并提出独特的解决方案。他们的加入能够为企业带来新的思维和创意，打破传统思维的束缚，推动企业不断创新和发展。同时，创新人才的引入还能为企业注入新鲜血液，激发企业的创新活力，推动企业不断推陈出新，适应市场的变化和需求。

其次，引入创新人才能够提升企业的技术创新能力。具备创新能力的人才通常具备深厚的技术功底和丰富的实践经验，能够为企业带来先进的技术和解决方案。他们的加入能够提升企业的技术水平和研发能力，推动企业技术的创新和产品的升级。同时，创新人才的引入还能为企业培养一支高素质的研发团队，提高企业的整体技术水平和创新能力。

再次，引入创新人才需要建立科学的人才管理体系。科学的人才管理体系是吸引和留住创新人才的重要保障。企业需要建立完善的人才招聘、培训、评价和激励机制，为创新人才提供良好的职业发展平台和成长空间。通过科学的人才管理体系，企业可以更好地吸引和留住创新人才，为企业的创新发展提供强大的支持。

最后，引入创新人才需要注重团队建设与合作。创新人才的引入只是企业创新发展的一个方面，要想实现真正的创新和发展，还需要加强团队建设与合作。企业需要建立一支具备高度协作精神的团队，鼓励团队成员之间的交流与合作，促进知识的共享和创新思想的碰撞。通过团队建设与合作，企业可以更好地整合内外部资源，推动创新的实施和发展，实现更大的商业价值和社会价值。

引入创新人才需要营造良好的创新氛围和文化。一个充满活力和创新的氛围和文化能够激发人才的创新热情和创造力。企业需要积极营造一种鼓励创新、宽容失败、追求卓越的文化氛围，为创新人才提供自由的创新空间和条件。同时，企业还需要加强对创新人才的文化引导和价值观塑造，培养他们正确的创新观念和态度，推动他们更好地融入企业，为企业的发展贡献智慧和力量。

（四）建立创新平台

为了激发员工的创新精神和创造力，企业需要建立一个开放、互动、合作、创新的平台。这个平台不仅可以为员工提供一个交流和学习的机会，而且可以促进员工之间的合作，激发新的创意和想法，推动企业不断创新和发展。

第一，建立创新平台需要打破传统的组织结构和沟通方式。传统的组织结构往往等级分明，部门之间存在着壁垒，导致员工之间的交流和合作有限。为了建立一个开放、互动的创新平台，企业需要打破这些壁垒，促进员工之间的自由交流和互动。例如，企业可以建立跨部门的项目团队，鼓励员工在不同的团队中交流与合作，以促进知识的共享和创意的碰撞。同时，企业还需要鼓励员工使用新的沟通工具和平台，如社交媒体、协作软件等，以促进信息的快速传递和共享。

第二，建立创新平台需要营造一种鼓励创新、宽容失败的文化氛围。创新往往伴随着失败和风险，但只有通过不断地尝试和探索，才能实现真正的创新。只有在这样的文化氛围中，员工才敢于提出新的想法和意见，积极参与创新活动。

第三，建立创新平台需要提供必要的资源和支持。创新需要投入大量的资源和精力，包括人力、物力和财力。企业需要为员工的创新活动提供必要的资源和支持，如提供研发资金、设备、场地等，同时还需要提供培训和学习机会，帮助员工提升技能和能力。这些资源和支持可以激发员工的创新热情和创造力，推动他们不断探索新的领域和尝试新的方法。

第四，建立创新平台需要加强知识管理和知识产权保护。创新往往需要基于已有的知识和技术，因此，企业需要加强知识管理，对内部的知识资源进行有效地整合和利用。同时，企业还需要注重知识产权的保护，合理地保护和管理对员工的创新成果。这不仅可以保护企业的利益，而且可以激发员工的创新热情和积极性，促进企业的持续创新和发展。

第五，建立创新平台需要与外部机构建立合作关系。企业的创新能力不仅取决于内部资源的投入和积累，而且与外部资源的获取和利用密不可分。通过资源共享和优势互补，企业可以获得更广泛的知识和技术支持，加速创新的进程和提高创新的成功率。这种合作也有助于企业拓展业务领域和市场空间，提高整体竞争力和可持续发展能力。

第六，建立创新平台需要持续改进和优化。创新平台的建设是一个长期的过程，需要不断地改进和优化。企业需要关注员工的反馈和建议，及时调整和完善平台的运行机制和管理制度。同时，企业还需要根据市场变化和技术发展趋势，不断更新和创新平台的内容和功能。只有持续改进和优化创新平台，才能保持其活力和吸引力，真正发挥激发员工创新精神和创造力的作用。

（五）拓展外部合作

在当今全球化和知识经济时代，企业面临着日益激烈的竞争和不断变化的市场环境。为了保持竞争优势并实现持续创新，企业需要积极拓展外部合作，与外部机构共同开展研发和创新活动。通过合作，企业可以通过获取外部知识和技术，弥补内部资源的不足，加快创新进程，拓展业务领域和市场空间。

第一，拓展外部合作可以帮助企业弥补内部资源不足。企业在研发和创新过程中往往面临资源有限的困境，如资金、人才、技术等方面的不足。通过与外部机构合作，企业可以借助外部资源弥补自身的不足，实现资源共享和优势互补。例如，企业可以与高校、科研机构或其他企业合作，共同开展研发项目，利用对方的研发设施、人才和专业技术，提高研发效率和成功率。这种合作还可以帮助企业降低成本和风险，提高经济效益和市场竞争力。

第二，拓展外部合作可以促进企业获取外部知识和技术。与外部机构合作可以帮助企业获取最新的技术动态、行业趋势和市场信息，从而为企业的研发和创新提供有益的参考和借鉴。通过与高校、科研机构和其他企业合作，企业可以接触到先进的理论、技术和研究成果，并将其转化为实际的产品和服务。这种合作还有助于企业建立广泛的知识网络，提升自身的技术水平和创新能力。

第三，拓展外部合作可以加快企业的创新进程。通过与外部机构的合作，企业可以更快地获取新的创意、技术和市场信息，从而加速产品从研发到市场化的过程。合作方之间的互相学习和交流也有助于激发创新灵感和创意碰撞，推动企业不断推陈出新。此外，合作还可以促进知识的转移和扩散，帮助企业更快地掌握新技术和市场趋势。

第四，拓展外部合作可以帮助企业拓展业务领域和市场空间。与外部机构合作不仅可以带来技术和资源上的支持，而且可以帮助企业拓展业务领域和市场空间。通过与不同领域的机构合作，企业可以接触到新的客户和市场需求，发现新的商机。

第五，扩展外部合作有助于企业建立广泛的商业网络，提高自身的知名度和品牌影响力。

在拓展外部合作时，企业需要注意以下几个方面：

第一，寻找合适的合作伙伴。企业需要寻找与自身业务领域、技术水平和市场目标相匹配的合作伙伴，实现资源共享、优势互补和共同发展。同时，还需要考虑合作伙伴的信誉、实力和合作意愿等因素。

第二，明确合作目标和利益分配。企业在合作过程中需要明确合作目标和各自的利益诉求，并建立合理的利益分配机制，确保合作的顺利进行和双方的共赢。

第三，建立有效的沟通机制。合作过程中需要建立有效的沟通机制，确保双方能够及时交流和解决问题。这有助于减少合作中的摩擦和矛盾，促进合作的顺利进行。

第四，保护知识产权。企业在合作过程中需要重视知识产权的保护，确保自身的技术和创新成果不受侵犯。同时，还需要注意保护商业机密和客户信息等敏感信息。

第五，持续评估和改进合作。企业在合作过程中需要持续评估合作的成果和效益，及时调整合作方式和策略，确保合作的长期稳定发展，实现双方的可持续发展。

第四章　新兴市场企业创新战略的
制订与实施

第一节　创新战略的制订过程

一、了解市场情况

了解市场情况是制订创新战略的第一步，也是至关重要的一步。只有深入了解市场，才能准确地把握市场需求和消费者行为，从而为创新战略的制订提供方向和依据。首先，企业需要对目标市场进行细分，确定自己的目标客户群体。通过对市场进行细分，企业可以更加准确地了解不同客户群体的需求和偏好，从而针对不同的客户群体制订不同的创新战略。其次，企业需要对市场需求进行深入研究。企业可以通过市场调查、数据分析、竞品分析等方式，深入了解市场需求，发现潜在的市场机会。再次，企业需要了解消费者行为。消费者行为是影响市场需求的重要因素之一，了解消费者的购买决策过程、消费习惯、品牌忠诚度等信息，有助于企业更好地把握市场机会，制订更加精准的创新战略。最后，企业需要了解竞争态势。市场竞争是企业制订创新战略必须考虑的因素之一，了解竞争对手的产品、价格、渠道、营销策略等信息，有助于企业更好地制订差异化竞争策略，提高市场竞争力。

在了解市场情况的过程中，企业还需要注意以下几点：首先，保证数据的真实性和可靠性。市场数据是制订创新战略的重要依据，如果数据不真实或者不准确，将会导致创新战略的失败。因此，企业需要选择可靠的数据来源，并对数据进行校验和核实。其次，注重市场数据的时效性。市场情况是不断变化的，企业需要随时关注市场动态，及时更新市场数据，以便更好地制订创新战略。最后，结合实际情况进行市场分析。不同市场的具体情况不同，企业需要根据自己所在的市场环境进行具体分析，不能简单地套用理论或者经验。

二、评估自身实力

评估自身实力是制订创新战略的第二个关键步骤。了解企业自身的优势和劣势以及技术实力、人才储备和财务状况等，有助于明确创新的领域和目标，制订更具针对性的创新战略。首先，企业需要评估自身的技术实力。技术实力是企业进行创新的基础，只有拥有领先的技术实力，才能更好地推动产品和服务创新。企业需要对自身的技术水平、研发能力、专利情况等进行全面评估，明确在行业中的技术地位和优势。其次，企业需要评估人才储备。人才是企业发展的核心资源，人才储备的充足与否直接影响到企业的创新能力。企业需要评估自身的人才结构、专业背景、技能水平等，了解自身的人才优势和不足，为制订创新战略提供人才保障。最后，企业需要评估财务状况。财务状况是企业进行创新战略制订的关键因素之一，只有拥有足够的财务支持，才能保证创新战略的有效实施。企业需要对自身的财务状况进行全面评估，包括资金状况、盈利能力、现金流等，确保有足够的财务支持用于创新战略的实施。

在评估自身实力的过程中，企业还需要注意以下几点：首先，确保评估的客观性和准确性。企业需要对自身的实力进行客观、准确地评估，不能夸大或者缩小自身实力，以免制订出过于激进或者过于保守的创新战略。其次，关注自身的成长性。企业需要关注自身在行业中的成长性和发展趋势，了解自身的成长潜力和机会，以便更好地制订创新战略。最后，与竞争对手进行比较。通过与竞争对手的比较，企业可以更加清楚地了解自身的优势和劣势，制订更具针对性的创新战略。

三、设定创新目标

设定创新目标是创新战略的关键环节之一，为整个创新战略的实施提供了具体的方向和目标。根据市场需求和自身实力，设定明确的创新目标有助于确保创新战略的有效性和可行性。首先，企业需要根据市场需求设定创新目标。市场需求是企业制订创新目标的重要依据，只有了解市场需求，才能更好地满足客户需求，提高市场占有率。企业需要对市场进行细分，确定目标客户群体，了解他们的需求和偏好，然后根据这些需求设定相应的创新目标。例如，如果发现市场对环保产品的需求不断增加，企业可以将产品创新目标设定为开发环保、节能的产品。其次，企业需要根据自身实力设定创新目标。自身实力是企业实现创新目标的基础和保障，只有充分了解自身的实力，才能更好地制订创新目标。企业需要对自身的技术实力、人才储备、财务状况等进行全面评估，明确自身的优势和劣势，然后根据自身实力设定相应的创新目标，确保这些目标是切实可行的。例如，如果企业拥有强大的研发团队和先进的技术实力，可以将技术创新目标设定为开发具有自主知识产权的核心技术。

在设定创新目标的过程中，需要注意以下几点：首先，确保目标的明确性和可衡量性。创新目标应该明确、具体，可以衡量和评估。这样既有助于保证团队成员明确自己的任务和责任，也有助于企业在实施过程中对进度和成果进行监控和管理。其次，注重目标的可行性和可实现性。创新目标的设定应该基于企业自身实力和市场需求的实际状况，确保目标是可行和可实现的。同时，目标的设定还应该考虑到资源和时间的限制，确保企业有足够的资源和时间来实现这些目标。最后，保持目标的灵活性和可调整性。市场和客户需求是不断变化的，企业在设定创新目标时应该保持适当的灵活性和可调整性，以便应对市场的变化和不确定性。这样有助于企业在实施过程中及时调整和创新战略，确保创新战略的有效性和可持续性。

四、选择创新方式

选择适合的创新方式是创新战略实施的关键环节之一。不同的创新方式可能会带来不同的创新成果和效果，企业需要根据自身的特点和实际情况，选择适合的创新方式。首先，企业可以根据市场需求选择创新方式。例如，如果发现市场对快速响应的需求不断增加，企业可以选择组织创新，优化内部流程，提高响应速度。其次，企业可以根据自身实力选择创新方式。例如，如果企业定位于高端市场，可以选择管理创新，提升产品质量和服务水平，提高客户满意度。

在选择创新方式的过程中，需要注意以下几点：首先，确保创新方式的可行性和可实现性。企业需要根据自身实力和市场需求的实际状况，选择可行的创新方式。同时，确保这些创新方式可以在实践中得到有效地实施和执行。其次，注重创新方式的协同性和匹配性。企业需要综合考虑各种创新方式的优劣势和相互之间的关系，选择最能协同和匹配其他创新方式的创新方式，发挥各种创新方式的最大效用，提高整体的创新效果。最后，保持创新方式的灵活性和可调整性。这样可以随时根据市场的变化和不确定性调整和创新方式，确保创新战略的有效性和可持续性。

五、明确创新领域

确定创新领域是创新战略的关键环节之一，决定了企业创新战略的实施范围和方向。选择适合自身的创新领域可以提高创新战略的有效性，有助于企业在激烈的市场竞争中获得竞争优势。首先，企业可以根据市场需求确定创新领域。例如，如果发现市场对智能化、环保型的产品需求不断增加，企业可以将产品创新领域确定为智能化、环保型产品的研发和生产。其次，企业可以根据自身实力确定创新领域。自身实力是企业实现创新领域的基础和保障，只有充分了解自身的实力，才能更好地锁定创新领域。例如，如果企业定位于高端市场，可以将服务创新领域确定为提供高端定制化服务，以满足高端市场的特殊需求。

六、制订创新计划

制订创新计划是实施创新战略的重要环节，为整个创新过程提供了具体的操作指南和实施框架。根据设定的创新目标和领域，制订具体的创新计划，有助于确保创新的顺利实施，提高创新成功的概率。首先，制订创新计划需要明确创新流程。创新流程是企业实施创新的步骤和过程，包括创意产生、筛选、研发、测试、上市等环节。在制订创新流程时，企业可以根据自身的实际情况和行业特点进行定制化设计，确保流程的可行性和有效性。其次，制订创新计划需要设定时间表。时间表是实施创新的进度安排，包括各个阶段的目标、任务和时间节点等。设定时间表既有助于确保企业有足够的时间和资源来完成创新过程，也有助于在实施过程中对进度进行监控和管理。在设定时间表时，企业可以根据创新流程和目标进行合理规划，确保时间表的可行性和可实现性。再次，制订创新计划需要规划预算。预算是企业实施创新的财务安排，包括研发经费、市场推广费用、人力资源成本等。规划预算有助于确保企业在实施创新过程中有足够的资金支持，避免出现资金短缺或浪费的情况。在规划预算时，企业可以根据自身的实际情况和行业特点进行合理估算，并考虑一定的风险控制因素。最后，制订创新计划需要整合资源。资源是企业实施创新的支持和保障，包括人力资源、技术资源、市场资源等。整合资源有助于确保企业在实施创新过程中得到充分的支持和保障，提高创新的成功概率。在整合资源时，企业可以根据自身的实际情况进行合理配置，并积极寻求内外部合作和支持。

七、持续评估调整

通过持续评估战略的有效性和实施情况，企业可以及时发现存在的问题和不足，并进行必要的调整和改进。首先，持续评估需要建立科学的评估指标和体系。评估指标应该包括创新目标的达成情况、创新领域的进展程度、创新计划的执行效果等方面。通过收集相关数据和信息，对评估指标进行量化和分析，可以客观地了解创新战略的实施情况和效果。同时，评估体系应该注重定性和定量相结合，既要考虑财务指标，也要考虑非财务指标，以确保评估结果的全面性和准确性。其次，持续评估需要采用合适的评估方法和技术。评估方法应该根据具体的评估指标和对象进行选择，可以采用对比分析、趋势分析、因果分析等方法。评估技术应该不断更新和完善，以适应市场变化和企业需求。在评估过程中，企业还应该注重数据的收集和整理，建立数据仓库和数据分析平台，以便更好地进行数据挖掘和洞察。最后，根据评估结果进行必要的调整和改进是持续评估和调整的关键。调整和改进可以涉及创新目标、创新领域、创新计划等方面，需要根据实际情况进行具体分析和决策。例如，如果发现创新目标过于激进或不够明确，可以进行相应的调整和完善；如果发现创新领域或计划存在不足或问题，可以进行相应的优化或修正。在调整和改进过程中，企业还应该注重总结经验和教训，不断吸取新的思路和方法，以推动创新的持续发展。

第二节　创新战略的实施路径

一、创新战略的制订与规划

创新战略的制订与规划是企业实施创新战略的首要步骤，也是最为关键的环节。在这一步骤中，企业需要明确创新战略的目标、愿景和价值观，为整个创新战略的实施提供指导和方向。首先，企业需要明确创新战略的目标。创新战略的目标既是企业实施创新战略的核心和动力源泉，也是评估创新战略效果的重要标准。企业需要根据自身的实际情况和市场环境，制订具体的、可衡量的创新战略目标，如提高市场份额、降低成本、提升产品质量等。同时，企业还需要将创新战略目标与整体战略目标相协调，确保创新战略的实施有助于实现企业的整体战略目标。其次，企业需要明确创新战略的愿景和价值观。创新战略的愿景是企业对未来发展的美好憧憬和追求，是企业实施创新战略的动力和信念。企业需要根据自身的特点和市场环境，制订具有吸引力和感召力的创新战略愿景，如成为行业内的创新领导者、打造具有影响力的品牌等。同时，企业还需要明确创新战略的价值观，如坚持技术创新、注重客户需求、鼓励员工创新等，以确保在实施创新战略的过程中始终保持正确的方向和价值取向。

在制订具体的战略规划时，企业需要考虑多个方面，包括创新领域、创新方式、资源投入等。首先，企业需要明确创新领域。创新领域是企业实施创新战略的重点和方向，需要根据自身的优势和市场需求进行选择。企业需要对市场进行深入分析，了解行业发展趋势和客户需求，找到具有潜力的创新领域，并制订相应的创新计划和措施。其次，企业需要选择合适的创新方式。创新方式是指企业实现创新的途径和方法，包括自主创新、合作创新、模仿创新等。企业需要根据自身的实际情况和市场环境，选择适合自己的创新方式，如对于技术实力较强的企业，可以选择自主创新方式；对于技术实力较弱但资金充足的企业，可以选择合作创新方式；对于技术实力较弱但市场敏感度较高的企业，可以选择模仿创新方式。最后，企业需要考虑资源投入。资源投入是企业实施创新战略的重要保障，包括人力、物力、财力等方面的投入。企业需要根据自身的实际情况和市场环境，制订合理的资源投入计划，确保有足够的资源支持创新战略的实施。同时，企业还需要建立有效的资源管理体系，提高资源利用效率和管理水平。此外，企业在制订具体的战略规划时还需要考虑竞争环境、政策环境等因素的影响。深入分析竞争对手的创新战略和竞争优势，明确自身的竞争地位和优势，制订相应的竞争策略。关注政策环境的变化和影响，了解政府对科技创新的支持政策和法规要求，合理利用政策资源推动企业的创新发展。

二、创新能力提升

企业需要不断加强自身创新能力，包括技术研发、人才培养、知识产权保护等方面的能力，以提高竞争优势和市场份额。同时，企业还需要积极与高校、科研机构等进行合作，共同推动技术创新和成果转化，实现互利共赢。首先，企业需要重视技术研发能力的提升。技术研发是企业创新的重要环节，也是企业保持竞争力的关键因素之一。企业需要不断加大技术研发的投入，提高技术研发的水平和效率。这可以通过引进先进技术、加强自主研发、建立研发团队等方式实现。同时，企业还需要建立完善的技术研发管理体系，包括制订合理的研发计划、加强研发过程管理、注重研发成果的保密和知识产权的保护等。其次，企业需要加强人才培养和引进。人才是企业最重要的资源之一，是企业创新能力的重要保障。企业需要建立完善的人才培养和引进机制，包括制订人才培养计划、加强内部培训、建立激励机制等。同时，企业还需要积极引进外部人才，包括高校毕业生、行业专家等，以充实企业的人才队伍。再次，企业需要重视知识产权的保护和管理。知识产权是企业的重要资产之一，也是企业创新能力的重要体现。企业需要加强知识产权的保护和管理，包括申请专利、注册商标、保护版权等。同时，企业还需要建立完善的知识产权管理体系，包括制定知识产权管理制度、加强知识产权的保密和风险管理等。这有助于增强企业的知识产权保护意识和管理水平，降低知识产权风险，维护企业的合法权益。最后，企业还需要积极与高校、科研机构等进行合作。高校和科研机构是科技创新的重要力量，也是企业获取创新资源的重要途径之一。通过与高校、科研机构等进行合作，企业可以共同开展技术研发、人才培养等方面的合作，共同推动技术创新和成果转化。这有助于降低企业的创新成本和风险，提高创新效率和成功率。同时，合作还可以促进企业与高校、科研机构之间的交流和互动，增强企业的社会知名度和影响力。

三、创新组织的建设

创新组织的建设是实施创新战略的重要保障，能够激发组织内部的创新活力，促进跨部门、跨领域的协同创新。以下是关于创新组织建设的详细解释和探讨：

第一，企业需要建立适应创新战略的组织架构。传统的组织架构往往以职能部门为单位，各自为政，难以适应不断变化的市场需求和客户需求。因此，企业需要打破传统的组织架构，建立更加灵活、敏捷的组织形式，如项目制、矩阵制等。这些组织形式能够更好地整合企业内外部资源，提高组织效率和创新能力。

第二，企业需要建立跨部门、跨领域的协同创新机制。创新往往需要跨越部门和领域的界限，整合不同领域的资源和技术，实现协同创新。企业需要建立跨部门、跨领域的协同创新机制，包括沟通机制、协作机制、共享机制等。通过这些机制的建立，企业能够更好地整合内外部资源，打破部门壁垒，促进不同领域之间的交流和合作，实现更加高效和创新的协同效应。

第三，企业需要建立有效的激励机制。激励机制是激发员工创新积极性的关键因素之一。企业需要建立完善的激励机制，包括物质激励和精神激励。物质激励可以通过薪酬、奖金等方式实现；精神激励则可以通过表彰、晋升等方式实现。同时，企业还需要建立公平、透明的评价机制，对员工的创新成果进行科学评估和奖励，以激发员工的创新热情和创造力。

第四，企业需要建立完善的人才培养机制。人才培养是提升企业创新能力的重要途径之一。企业需要建立完善的人才培养机制，包括内部培训、外部引进、交流合作等方式，不断提升员工的技能和素质，培养一批具备创新能力的高素质人才，为企业的发展提供源源不断的人才支持。

第五，企业需要建立创新评价体系。创新评价体系是对企业创新活动进行科学评估和监测的重要工具。通过建立创新评价体系，企业可以对创新活动的成果进行科学评估和监测，及时发现和解决问题。同时，创新评价体系还可以为企业决策者提供决策依据，帮助企业更好地制订和调整创新战略和计划。

在建设创新组织的过程中，企业还需要注意以下几个方面：

第一，保持组织的灵活性和适应性。随着市场环境的变化和企业发展的需要，企业需要不断调整和创新组织架构和管理机制，保持组织的灵活性和适应性。

第二，加强组织的协作和沟通能力。企业需要加强组织内部的协作和沟通能力，打破部门壁垒和信息孤岛，促进信息的交流和共享。

第三，注重组织的文化建设。企业文化是组织的灵魂和核心价值观的体现。企业需要注重组织文化的建设，营造开放、包容、创新的组织氛围，激发员工的创造力和创新意识。

第四，加强组织的创新能力建设。企业需要加强组织的创新能力建设，包括技术研发、市场开拓、品牌建设等方面。通过不断探索和创新，企业能够不断提升自身的竞争力和创新能力。

四、创新文化的培育

创新文化的培育是实施创新战略的重要组成部分，能够激发员工的创新意识和创造力，推动企业不断发展和进步。以下是对创新文化培育的详细解释和探讨：

第一，企业需要营造开放、包容的组织氛围。开放的组织氛围能够鼓励员工积极发表自己的意见和建议，激发员工的创造力和参与感。企业需要建立一种鼓励员工畅所欲言、自由交流的文化氛围，让员工感受到自己的理念被尊重和重视。同时，企业还需要包容不同的意见和文化，尊重员工的个性差异，让员工在自由、宽松的环境中发挥自己的创造力和潜能。

第二，企业需要培养员工的创新意识。创新意识是创新文化的核心，只有员工具备创新意识，才能推动企业的创新发展。企业需要通过培训、教育、激励等方式，引导员工树立创新意识，培养员工的创新思维和创新能力。同时，企业还需要鼓励员工不断学习和成长，提升自身的综合素质和创造力，为企业的发展贡献更多的智慧和力量。

第三，企业需要鼓励员工敢于尝试、勇于创新。创新往往伴随着风险和挑战，企业需要鼓励员工敢于尝试、勇于创新，不怕失败和挫折。同时，企业还需要建立相应的机制和制度，为员工的创新提供支持和保障。例如，企业可以设立创新奖励机制，对取得创新成果的员工进行奖励和表彰；也可以提供创新资源支持，为员工提供必要的资金、技术和人力资源支持；还可以建立容错机制，鼓励员工在尝试中不断学习和成长。第四，企业需要将创新文化融入企业的核心价值观和战略规划中。企业的核心价值观和战略规划是企业的灵魂和导向，只有将创新文化融入其中，才能真正实现创新的落地和可持续发展。企业需要在核心价值观中强调创新的重要性，让员工深刻理解创新的内涵和意义；同时，还需要在战略规划中明确创新的地位和目标，制订具体的创新计划和措施，推动企业在创新中不断发展和壮大。

五、创新市场的开拓

开拓创新市场是企业持续发展的关键，只有不断满足市场需求，推出适应市场需求的新产品和服务，才能在激烈的市场竞争中立于不败之地。以下是对创新市场开拓的详细解释和探讨：

第一，企业需要积极开拓市场，了解客户需求。客户需求是企业创新的重要驱动力，只有深入了解客户的需求和痛点，才能有针对性地推出满足市场需求的新产品和服务。企业需要通过市场调查、客户访谈等方式，深入了解客户的需求和期望，及时掌握市场动态和行业趋势，为创新市场的开拓提供有力支持。

第二，企业需要加强品牌建设和市场营销。品牌是企业的形象和价值体现，市场营销是推广品牌和产品的重要手段。企业需要注重品牌建设，树立独特的品牌形象和价值观，通过精准的市场营销策略和渠道，提高品牌知名度和市场占有率。同时，企业还需要加强与客户的互动和沟通，建立稳定的客户关系，提高客户忠诚度和满意度。

第三，企业需要不断推出适应市场需求的新产品和服务。创新是企业的核心竞争力，只有不断推出适应市场需求的新产品和服务，才能在市场竞争中占据优势地位。企业需要加强技术研发和产品创新，通过不断创新和提高产品质量，满足客户的需求和期望。同时，企业还需要注重产品的用户体验和价值提升，提供更加优质的产品和服务。

第四，企业需要建立完善的创新市场开拓机制。创新市场开拓是一项长期而复杂的工作，需要建立完善的机制和流程来支持和保障。企业需要制订清晰的市场开拓战略和计划，明确市场目标和定位；建立高效的市场营销团队和渠道网络，提高市场响应速度和执行力；完善创新管理和激励机制，鼓励员工积极参与到市场开拓和创新中来。

六、创新政策的利用

创新政策的利用对于企业的发展和创新具有重要意义。政府往往会制定一系列政策来鼓励和支持企业的创新活动，这些政策涵盖科技计划、税收优惠、金融扶持等多个方面。企业如果能够了解和利用这些政策，将有助于降低创新成本、提高创新效益，从而更好地实现创新驱动的发展战略。

首先，企业需要关注政府科技计划的相关政策。政府为了推动科技创新和技术进步，往往会设立各种科技计划，旨在支持企业开展科技创新活动。企业需要了解这些科技计划的申请条件、支持方式和资金额度等信息，以便结合自身实际情况进行申请。通过获得政府的科技计划支持，企业可以获得更多的资金和资源，加快科技创新的步伐，提高自身的核心竞争力。

其次，企业需要了解政府的税收优惠政策。税收是企业在经营过程中必须承担的一项成本，政府的税收优惠政策则可以帮助企业降低这一成本。例如，政府可能会对高新技术企业和研发费用进行税收减免，或者对特定产品的出口给予税收优惠等。企业需要关注这些政策，并在符合条件的情况下积极申请享受税收优惠政策，以提高自身的经济效益。

再次，企业需要关注政府的金融扶持政策。金融扶持政策是政府为了鼓励企业开展创新活动而提供的金融支持措施。例如，政府可能会设立科技创新基金、提供低息贷款或者对投资于创新型企业的风险投资机构给予奖励等。了解这些政策后，企业可以根据自身需求申请相应的金融支持，以缓解资金压力，加速创新进程。

最后，企业需要关注政府的其他相关政策，如知识产权保护政策、人才引进政策等。知识产权保护政策对于保护企业的创新成果非常重要，企业需要了解如何申请专利、如何维权等知识，以确保自身的知识产权得到有效保护。人才引进政策则可以帮助企业吸引更多的优秀人才加入创新团队中来，提高创新团队的整体素质和能力。

为了更好地利用政府的创新政策，企业还需要采取一些具体的措施：第一，企业需要建立与政府部门的沟通机制，及时了解政策动态和申请流程，确保自身能够及时获取相关信息并快速做出反应。第二，企业需要加强内部管理，规范财务和项目管理工作，确保在申请政府项目和资金时能够提供准确、完整的信息和资料。第三，企业需要注重自身能力的提升，加强科技创新和人才培养工作，以便更好地利用政府政策为企业的发展提供有力支持。

七、创新成果的转化

创新成果的转化是将企业的技术优势和市场优势转化为实际的产品和服务，从而实现商业价值的过程。对于企业而言，创新成果的转化和产业化是其发展的重要环节，也是提升企业核心竞争力的关键。以下是对创新成果转化和产业化的详细解释和探讨：

首先，企业需要加强创新成果的转化和产业化。创新成果的转化不仅仅是将实验室技术转化为产品，还包括将产品推向市场、实现商业化和产业化的过程。企业需要建立完善的创新成果转化机制，加强与产业链上下游企业的合作与交流，共同推动创新成果的产业化进程。同时，企业还需要注重市场调研和用户反馈，及时调整产品策略和市场营销策略，提高产品的市场占有率和竞争力。其次，企业需要加强知识产权的保护和管理。知识产权是企业的重要资产，也是企业创新成果转化的重要保障。企业需要建立完善的知识产权保护和管理体系，加强知识产权的申请、维护和维权工作，确保自身的知识产权得到有效保护。最后，企业需要加强与行业协会、知识产权服务机构的合作与交流，共同推动行业知识产权的保护和管理水平的提升。

在创新成果转化的过程中，企业需要注意以下几个方面：第一，注重技术创新的实用性。企业在进行技术创新时需要注重其实用性，即能够转化为实际的产品和服务，满足市场需求和用户需求。实用性强的技术创新更容易实现产业化，也更容易获得商业成功。第二，加强产业链合作与交流。企业需要与产业链上下游企业建立良好的合作关系，共同推动创新成果的产业化进程。通过合作与交流，可以实现资源共享、优势互补，降低成本、提高效率。第三，注重市场营销和品牌建设。创新成果的转化和产业化需要得到市场的认可和用户的信任，因此，企业需要加强市场营销和品牌建设，提高产品的知名度和美誉度。第四，注重风险控制和质量管理。创新成果的转化和产业化过程中会面临各种风险和挑战，如技术风险、市场风险、质量风险等。企业需要建立完善的风险控制和质量管理机制，确保产品的质量和安全性。第五，注重人才培养和团队建设。创新成果的转化和产业化需要有一支高素质、专业化的人才团队。企业需要加强人才培养和团队建设，打造一支具有创新精神、协作意识、执行力强的团队，为企业的创新发展提供有力支持。

第三节 创新战略的风险与应对

一、技术风险

技术风险是企业创新战略中不可避免的一部分。在追求技术创新的过程中，企业可能会面临技术研发的不确定性，这种不确定性可能导致技术研发的延迟或失败。在当今科技飞速发展的时代，新技术层出不穷，但并不是每项新技术都能按期研发完成，也不是每项技术都能在投入市场后达到预期的效果。

首先，技术研发的不确定性是导致技术风险的主要原因之一。在新技术的研发过程中，企业需要面对诸多复杂的技术难题和挑战，这些问题可能涉及多个领域的知识和技术，需要企业具备强大的技术实力和创新能力。然而，由于技术研发的高度复杂性和不确定性，企业很难保证所有技术难题都能得到顺利解决，也很难保证新技术的研发进度和效果能够完全符合预期。

其次，新技术的市场接受度也可能成为技术风险的一个来源。即使企业成功研发出一项新技术，也不意味着这项技术就能立即被市场接受并广泛应用。市场需求的变化、竞争对手的策略调整以及消费者对新技术的接受程度等因素都可能影响新技术的市场表现。如果新技术的市场接受度低于预期，企业的技术创新可能无法带来预期的经济回报，从而增加企业的经营风险。

最后，技术更新速度的加快也是导致技术风险的一个重要因素。在科技行业，技术的更新换代速度非常快，一项新技术可能很快就会被更先进的技术所取代。如果企业刚刚将一项新技术投入市场，就面临更新的技术竞争，那么该技术的市场地位和市场价值可能迅速下降，给企业带来巨大的经济损失。第一，企业应加强技术研发的投入和实力建设，提高技术研发的成功率和效率。同时，企业还应积极探索新的技术创新模式，如产学研合作、外部技术引进等，以降低技术研发的不确定性和风险。第二，企业应加强市场调研和需求分析，了解市场需求和消费者对新技术的接受程度。在技术创新和市场推广中，企业应注重与消费者的沟通和互动，提高消费者对新技术的认知度和信任度。同时，企业还应关注竞争对手的动态和技术发展趋势，及时调整自身的技术创新和市场策略。第三，企业可以采取多元化的技术创新策略，如同时开展多项技术的研发、采取快速迭代并发方式等，以降低单一技术研发的风险。企业还可以通过建立风险储备和应急机制，为技术创新提供资金、人才和技术支持，确保技术创新能够持续稳定地推进。

二、市场风险

市场风险是企业在实施创新战略时必须面对的另一大风险。市场风险主要源于市场需求的变化、竞争对手的策略调整、市场教育成本等多个方面。

第一，市场需求的变化是企业面临的一个重要市场风险。在市场经济环境下，消费者需求的变化是常态，而企业需要不断跟踪和适应这些变化。如果企业的技术创新不能及时跟上市场需求的变化，或者与市场需求存在偏差,那么企业的创新产品可能无法获得市场的认可,导致创新战略的失败。

第二,竞争对手的策略调整也是影响企业市场表现的重要因素之一。在激烈的市场竞争中,竞争对手可能会采取各种策略来维护或扩大市场份额,如降价、推出新产品或服务等。如果企业不能及时应对竞争对手的策略调整,可能会失去市场份额,甚至导致经营困难。

第三,市场交易成本也是企业面临的一个市场风险。某些新兴技术或产品可能需要消费者花费一定的时间和精力去了解和接受,而企业需要投入大量的资源进行市场教育和推广。如果市场教育成本过高,且市场接受度无法达到预期,那么企业可能会面临巨大的经济损失和市场风险。同时,企业还应关注竞争对手的动态,跟踪竞争对手的产品和服务,了解竞争对手的策略和动向,从而及时调整自身的竞争策略。

第四,企业应注重市场教育和推广。通过各种渠道和媒体进行宣传和推广,提高消费者对新产品的认知度和信任度。同时,企业还可以通过提供试用、演示或体验活动等方式,让消费者更好地了解和接受新产品。

第五,企业可以采取多元化的市场营销策略。例如,针对不同细分市场的消费者需求,推出不同版本或类型的产品;针对不同需求的消费者群体,采取不同的价格策略;通过合作与联盟等方式,拓展销售渠道和市场覆盖面等。

第六,企业应保持灵活和适应性强的组织结构和管理模式。通过建立快速响应市场变化的机制和流程,提高企业的市场应变能力。同时,培养一支具备市场意识和创新精神的管理团队,鼓励企业内部的市场导向和创新氛围。

三、组织风险

组织风险是企业实施创新战略时必须面对的另一重要风险。组织内部对于变革的抵制、文化和思维模式的限制以及资源分配、团队协作和沟通等问题都可能成为创新战略实施的障碍。首先,传统的管理层和员工可能对变革持保守态度，他们可能更倾向于维持现状，而不是冒险尝试新的创新。这种保守的态度可能源于对风险的担忧、对变化的抵触或者是对未知的恐惧。如果企业的管理层和员工对变革持怀疑或反对态度，将对创新战略的实施造成极大的阻力。其次，组织的文化和思维模式也可能限制创新的推进。企业文化是一种强大的力量，可以影响员工的行为和思维方式。如果企业的文化和思维模式过于保守或僵化，可能难以接受新的创新理念和做法。这种文化背景下，员工可能会觉得在创新方面缺乏支持和鼓励，导致创新的努力受到阻碍。最后，创新项目的组织和管理也可能存在挑战。创新战略的实施往往需要跨部门的协作和资源共享，但在传统的组织结构中，部门之间可能存在壁垒，导致资源分配不均和协作困难。同时，创新项目的实施需要有效的项目管理，以确保项目的顺利进行。

然而，在许多企业中，项目管理的专业知识和技能可能不足，导致项目进度延误、资源浪费和项目失败的风险增加。为了降低组织风险对企业创新战略的影响，企业可以采取一系列应对措施。第一，企业应加强内部沟通与宣传，让管理层和员工充分认识到创新的重要性，并了解创新战略对企业未来发展的影响。通过开展培训和宣讲活动，帮助员工树立创新意识，提高对创新的接受程度。第二，企业应推动组织文化的变革。建立一种鼓励创新、宽容失败、追求卓越的文化氛围，激发员工的创造力和参与热情。同时，通过奖励机制和晋升机制的调整，鼓励员工积极投入创新活动，并对创新成果给予适当的奖励。第三，企业应优化组织结构和流程，以更好地支持创新项目的实施。通过打破部门壁垒，促进跨部门的协作与资源共享。同时，加强项目管理的专业能力建设，提高项目管理水平，确保创新项目的顺利推进。第四，企业可以建立创新团队或创新部门，专门负责创新战略的实施和管理。通过专业化的团队运作，更好地协调各方资源、推动创新项目的进展并解决实施过程中遇到的问题。

四、财务风险

财务风险是企业在进行创新投资时必须正视的一大风险。创新项目的投资回报具有不确定性，可能无法在预期的时间内获得回报，导致企业的资金链紧张。此外，对投资回报率的误判、融资难度、资本市场的波动等因素也可能给企业带来财务风险。首先，创新项目的投资回报具有高度的不确定性。创新意味着探索未知的领域，其成功与否取决于多种因素，如市场需求、技术成熟度、竞争态势等。由于这些因素的不确定性，创新项目的投资回报往往难以预测。一旦投资无法在预期的时间内获得回报，企业可能面临资金链紧张的局面，甚至可能导致财务危机。其次，企业对投资回报率的误判也可能引发财务风险。企业在评估创新项目时往往需要对投资回报率进行预测。然而，由于市场和技术的变化以及企业自身能力的限制，这种预测可能存在误差。如果企业高估了投资回报率，可能导致过度投资，使企业面临巨大的财务风险。再次，融资难度也是企业面临的一个财务风险。创新项目的投资往往需要大量的资金支持，而企业融资的渠道和成本可能受到多种因素的影响。如果融资难度大、成本高，企业可能无法获得足够的资金支持创新项目的实施，从而错失市场机会或导致项目失败。最后，资本市场的波动也可能给企业带来财务风险。资本市场的波动可能源于多种因素，如经济周期、政策调整、市场情绪等。这些因素可能导致企业的股价波动、融资成本变化或资本流动性问题，进而影响企业的财务状况和创新项目的投资回报。

为了降低财务风险对企业的影响，企业可以采取一系列应对措施。首先，企业应加强财务风险管理，建立风险预警机制，制订应急预案。通过定期评估企业的财务状况和投资项目，及时发现潜在的风险并采取应对措施。其次，企业应注重投资回报的评估和风险管理。在投资决策前，进行充分的市场调研和技术评估，以确保投资的合理性和可行性。同时，制订合理的财务预算和资金计划，确保资金链的稳定和项目的顺利进行。再次，企业可以积极寻求外部融资，分散财务风险。通过与投资者、银行或其他金融机构的合作，拓宽融资渠道并降低融资成本。同时，建立良好的合作关系和信誉，提高企业的融资能力和抗风险能力。最后，企业应关注资本市场的动态，根据市场变化及时调整财务策略和投资计划。通过合理的资本运作和管理，降低市场波动对企业财务状况的影响。

第五章　新兴市场企业竞争优势的构建过程

第一节　资源整合与能力提升

一、资源整合

（一）内外资源整合与优化配置

在全球化日益加剧的今天，新兴市场企业在寻求持续发展的过程中如何构建自身的竞争优势变得尤为重要。这种竞争优势的构建不仅依赖于企业拥有的资源和能力，而且在于如何有效地整合这些资源，进一步提升企业的核心竞争力。资源整合和能力提升相互关联，共同决定了企业在市场中的地位和竞争力。资源整合在新兴市场企业的发展中起到关键作用。企业资源不仅包括有形资产，如设备、资金和土地，而且包括无形资产，如品牌、专利、技术和知识等。有效地整合这些资源，可以使企业发挥最大的竞争优势。企业需要对自身资源进行全面的盘点和评估，明确自身的优势和劣势。在这个过程中，深入分析资源的配置效率和潜在的优化空间显得尤为重要。例如，如果企业拥有丰富的自然资源，但缺乏有效的提炼和加工能力，那么提升后端能力就成为资源整合的重点。在资源整合的过程中，企业需要注重内外资源的协同作用。内部资源包括企业的基础设施、技术、人力资源和组织能力等；外部资源则包括市场、政策、供应链和合作伙伴等。通过内部资源的优化配置，企业可以提升自身的运营效率和创新能力；通过外部资源的有效利用，企业可以获取更多的市场机会和竞争优势。内外资源的协同作用要求企业打破组织边界，实现内外部资源的互动与整合，从而形成独特的竞争优势。

资源整合的关键在于对企业内外资源的全面盘点和优化配置。这一过程要求企业进行深入的自我剖析，充分了解自身所拥有的资源情况，如财务、物质、技术、人才等，明确各类资源的优势和劣势。在此基础上，企业需要对这些资源进行合理的规划与配置，以最大程度地发挥资源的效用，提升企业的整体运营效率。对于原材料等有形资源的整合，企业需要对原材料的采购、储存、加工和使用等环节进行精细化管理，确保原材料的供应稳定、成本合理。企业还需要关注原材料的质量和可持续性问题，选择环保、质量可靠的供应商，保证原材料的质量和可靠性。对于技术、品牌和信息等无形资源的整合，企业需要注重创新和研发，不断推动技术的升级和产品的迭代。同时，企业还需要建立自己的品牌形象和市场地位，提升品牌价值和知名度。在信息方面，企业应建立健全的信息收集、整理和反馈机制，以便更好地了解市场需求、竞争对手和行业动态，从而做出更为科学、合理的决策。

（二）外部资源的获取

除了对自身资源的整合之外，企业还需要积极获取和利用外部资源，以扩大自身的竞争优势。供应商、客户、竞争对手、研究机构等外部资源都是企业发展的重要支撑，通过与这些外部资源的有效整合，企业可以获得更多的市场机会和竞争优势。

首先，与供应商建立长期、稳定的合作关系是非常重要的。供应商是企业原材料、零部件等的供应来源，是企业生产运营的重要保障。通过与供应商建立互信、共赢的合作关系，企业可以获得更加稳定、可靠的原材料供应，降低采购成本和风险。同时，与供应商的合作还可以帮助企业提高产品质量和技术水平，进一步提升自身的市场竞争力。

其次，与客户保持密切的沟通与互动也是企业获取外部资源的重要途径。客户是企业产品和服务的需求方，是企业生存和发展的基础。通过与客户保持密切的沟通，企业可以及时了解客户需求和市场变化，为客户提供更加优质的产品和服务，提高客户的满意度和忠诚度。同时，与客户互动还可以帮助企业获取市场反馈和竞争信息，为企业制订更加科学、合理的战略和决策提供有力支持。

再次，关注竞争对手的动态是企业获取外部资源的重要手段之一。竞争对手是企业发展的重要参照系，通过关注竞争对手的动态，企业可以了解行业发展趋势和市场竞争格局，及时调整自身的战略和策略，抢占市场先机。同时，竞争对手的动态还可以为企业提供技术创新和市场拓展的灵感，帮助企业实现跨越式发展。

最后，与科研机构等进行合作也是企业获取外部资源的重要途径。科研机构是技术创新的重要力量，通过与科研机构进行合作，企业可以获得最新的技术成果和创新资源，推动自身的产品和技术升级。同时，与科研机构合作还可以帮助企业降低研发成本和风险，缩短产品研发周期，提高企业的市场响应速度和竞争力。

除了对自身资源的整合外，企业还需要注重外部资源的获取与整合。同时，外部资源的获取与整合也有助于企业扩大自身的社会网络和影响力，进一步提高自身的竞争力和可持续发展能力。在实践操作中，企业应制订科学、合理的资源整合策略和管理机制。首先，企业应对自身内外资源进行全面盘点和评估，明确资源优势和劣势，制订符合自身发展的资源整合计划。其次，企业应建立健全的内外资源沟通与协调机制，打破组织边界和信息孤岛，促进资源在企业内部和外部的有效流动和优化配置。最后，企业应建立科学、合理的激励机制和管理制度，鼓励员工积极参与资源整合工作，提高资源整合的效率和效果。

二、能力提升

在资源整合的基础上，能力提升成为巩固竞争优势的关键。企业能力是指企业在生产、营销、组织和管理等方面所具备的综合素质。这些能力直接决定了企业能否在市场竞争中获得优势地位。例如，生产能力的提升可以帮助企业降低成本、提高产品质量；营销能力的提升有助于企业更好地满足客户需求、扩大市场份额；组织能力的提升可以促进企业内部协作、优化管理流程；管理能力提升有助于企业应对市场变化、做出快速而准确的决策。在新兴市场，由于竞争激烈且环境多变，企业能力的提升尤为重要。这里的企业不仅需要关注自身能力的不足之处，而且需要结合市场变化和客户需求，定向地提升相关能力。例如，随着环保要求的提高，企业可能需要提升自身的环保技术和合规能力；随着消费者需求的多样化，企业可能需要提升自身的研发能力和定制化服务能力。为了实现能力提升，新兴市场企业需要不断地进行技术和管理创新。技术创新可以帮助企业开发新产品、拓展新市场，从而提升企业的竞争力；管理创新则有助于企业优化流程、提高效率，更好地应对市场变化。通过不断地创新，企业可以不断地更新和升级自身的能力体系，从而持续地巩固和扩大竞争优势。此外，新兴市场企业还需要注重人才培养和团队建设。优秀的人才不仅是企业最重要的资源之一，而且是企业能力提升的关键所在。通过招聘、培训和实践等多种方式，企业可以培养出一支具备高度专业素养和团队协作精神的团队，为企业的持续发展提供强大的人才保障。

生产能力的提升是能力提升的重要组成部分。企业应关注生产流程的优化和生产技术的升级，提高生产效率和产品质量。这可以通过引入先进的生产设备、优化生产布局、加强生产管理等手段实现。同时，企业还需要注重研发和创新，不断推出符合市场需求的新产品和新服务。除了生产能力的提升之外，营销能力的提升也至关重要。企业应深入了解市场需求和消费者心理，制订有效的营销策略和推广手段。这包括市场调查、品牌推广、销售渠道建设等方面的工作。通过提高营销能力，企业可以更好地满足客户需求、扩大市场份额、提升品牌影响力。组织能力的提升可以帮助企业更好地应对市场变化和外部挑战。企业应注重组织结构的优化、规章制度的完善和员工素质的提升。通过建立扁平化、灵活的组织结构，提高员工的积极性和创造力；通过完善规章制度和流程管理，提高企业的规范化和专业化水平；通过培训和教育等手段，提升员工的专业素质和工作能力。管理能力的提升要求企业具备快速响应市场变化、制订科学决策和有效资源配置的能力。企业应关注行业发展趋势和国家政策导向，及时调整战略方向和资源配置。同时，加强内部沟通和协作，提高决策效率和执行力；注重人才培养和管理层领导力的提升；建立有效的激励机制和绩效评价体系，激发员工的积极性和创新精神。

第二节　品牌建设与市场拓展

一、品牌建设

　　品牌建设是现代企业发展的核心战略之一，涉及企业的形象、定位、价值和市场占有率等多个方面。一个成功的品牌能够为企业带来稳定的客户群体、增加市场份额和提升品牌价值。因此，品牌建设对于企业的长期发展至关重要。首先，企业需要明确自身的品牌定位。品牌定位是指企业在目标市场中塑造的独特形象和身份标签，它决定了企业在消费者心智中的差异化竞争优势。一个成功的品牌定位能够使企业在市场中脱颖而出，吸引目标客户并保持竞争优势。企业可以通过市场调研、竞品分析和目标客户研究等手段，了解目标市场的需求和竞争状况，从而明确自身的品牌定位。例如，奢侈品牌往往强调高贵、奢华和品质，而快消品则注重时尚、年轻和性价比。其次，企业需要明确自身的价值主张。价值主张是指企业通过产品或服务所传递的核心价值和利益点，能够激发消费者的购买意愿并提升品牌忠诚度。企业需要深入了解目标客户的需求和痛点，提供有针对性的产品或服务，并强调其独特的价值和优势。例如，一些运动品牌强调健康、活力和积极的生活方式；一些家居品牌则注重舒适、安全和环保。为了塑造鲜明的品牌形象，企业需要注重品牌传播和形象塑造。品牌传播是指通过各种渠道和手段将品牌信息传递给目标客户的过程。企业可以通过广告宣传、公关活动、社交媒体营销等手段，提高品牌的知名度和曝光率。其中，广告宣传是最直接的品牌传播方式，可以通过电视、广播、报纸、杂志等媒体进行投放；公关活动可以借助新闻媒体、行业展会等方式展示企业的实力和形象；社交媒体营销则是利用社交媒体平台进行品牌推广和客户互动的重要手段。

　　除了广告宣传和公关活动之外，企业还需要注重品牌的视觉形象和口碑效应。品牌的视觉形象包括商标、包装、网站和宣传物料等方面，这些要素直接影响到消费者对品牌的认知和印象。因此，企业需要设计简洁、易记且富有特色的品牌标识，并保持品牌形象的一致性和连贯性。口碑效应则是指通过消费者的口口相传，扩大品牌知名度和美誉度。企业需要提供高品质的产品和服务，积极回应消费者的反馈和投诉，并鼓励满意的消费者分享他们的经历和感受。在品牌建设的过程中，企业还需要注重市场调研和竞品分析。市场调研可以帮助企业了解目标市场的需求和趋势；竞品分析则可以了解竞争对手的策略和优势，从而制订更加科学、合理的营销策略。同时，企业还需要根据市场变化及时调整自身的策略，保持品牌的活力和竞争力。

二、市场扩展

在市场拓展方面，企业需要不断地推陈出新，制订有策略、有目的的市场拓展计划，以满足市场变化和消费者需求，进一步提高业绩和市场占有率。深入了解目标市场的需求和趋势是企业进行市场拓展的基础。通过对市场的深入了解，企业可以洞察消费者的需求和行为模式，掌握市场发展的趋势和未来走向。这有助于企业制订更符合市场需求的营销策略和产品定位，提高市场拓展的有效性。为了更好地满足市场需求，企业需要制订差异化的营销策略。在产品定位上，企业可以根据市场需求和消费者偏好，调整产品线，推出更符合消费者需求的产品。在定价策略上，企业可以根据市场调查和成本分析，制订出更具竞争力的价格策略。此外，促销活动也是吸引消费者、提高市场份额的有效手段。企业可以通过组合促销、限时折扣等方式，提高消费者购买的积极性。

销售渠道的拓展也是市场拓展的重要环节之一。企业可以通过线上和线下的方式，拓展销售渠道，提高产品的覆盖率和可获得性。线上渠道方面，企业可以通过电商平台、自建官方网站等方式，开拓网络销售渠道。线下渠道方面，企业可以通过实体店铺、分销商、合作伙伴等方式，扩大销售网络。同时，企业还需要注重线上、线下渠道的融合，提高消费者购物体验的便捷性和舒适度。在市场拓展过程中，企业还需要不断创新营销手段和方式。随着互联网和社交媒体的发展，数字化营销逐渐成为市场拓展的新趋势。企业可以通过搜索引擎优化、社交媒体营销、内容营销等手段，提高品牌知名度和曝光率。此外，企业还可以通过合作营销、联盟营销等方式，与其他企业合作共赢，共同开拓市场。同时，企业还需要关注竞争对手的动态和市场变化。通过了解竞争对手的产品定位、价格策略、营销手段等，企业可以制订更具竞争力的市场策略。

品牌建设与市场拓展是企业发展的关键环节，二者相辅相成，共同构成企业核心竞争力的要素。品牌建设旨在提升企业的知名度和美誉度，通过塑造独特的品牌形象和价值主张，吸引目标客户并建立品牌忠诚度；市场拓展则涉及扩大市场份额和拓展业务领域，通过创新营销策略和渠道拓展，不断挖掘潜在客户和需求，实现企业的可持续发展。

第三节　组织创新与文化培育

在当今不断变化的市场环境中，企业要保持竞争优势，不仅需要技术创新和产品升级，而且需要组织创新与文化培育的内在支持。组织创新是指企业在组织结构、制度和运作方式上的创新，旨在提高组织的适应性和效率；文化培育则强调价值观的塑造、企业精神的传承、员工行为的规范，用以增强企业的凝聚力和向心力。组织创新是企业在竞争激烈的市场环境中保持灵活性和适应性的关键。传统的组织结构往往过于刚性，难以应对快速变化的环境。为了克服这一挑战，企业需要打破传统的层级结构，实现组织结构的扁平化、网络化和柔性化。这意味着减少管理层级、扩大管理幅度，使组织更加贴近市场和客户。同时，企业需要构建一个灵活的组织架构，以支持不同业务单元或项目团队的快速组建与解散，更好地适应市场的变化和抓住商业机会。此外，企业还需要建立有效的激励机制，将员工的个人发展与企业的整体目标相结合，促进员工的积极性和创造力。

文化培育是企业在发展过程中形成的一种独特的精神气质和价值观

念，它贯穿于企业的各个方面，影响着员工的行为和企业的发展方向。企业文化的培育需要从多个方面入手。首先，企业领导者应成为文化的传承者和践行者，通过自身的言行传递企业的价值观和精神。其次，企业应加强员工的文化培训和教育，使员工深入理解企业的核心价值观和文化内涵，培养员工的责任感和荣誉感。最后，企业可以通过各种文化活动和仪式来强化企业文化，如定期举办文化研讨会、庆典活动等，使企业文化在员工心中生根发芽。

在组织创新与文化培育的过程中，企业还需要关注以下几点：

一、以客户为重心

（一）深入了解客户需求

在当今竞争激烈的市场环境中，企业要取得成功，必须深入了解客户需求，并以此为基础进行组织创新与文化培育。客户需求是企业发展的根本动力，只有真正了解客户的需求和期望，企业才能提供满足市场需求的产品和服务，进而实现可持续发展。首先，深入了解客户需求是组织创新的基础。组织创新是企业应对市场变化、提高竞争力的关键手段之一。而要实现有效的组织创新，必须基于对客户需求的深入了解。通过市场调研、客户访谈等方式，企业可以了解客户对产品或服务的需求、期望和痛点，进而明确创新的重点和方向。基于客户需求的组织创新能够使企业更好地适应市场变化，提高运营效率，为客户提供更有价值的产品和服务。其次，深入了解客户需求也是文化培育的关键环节。企业文化是企业的灵魂，影响着员工的行为和企业的发展方向。一个健康的企业文化能够激发员工的归属感和使命感，提高企业的凝聚力和竞争力。在文化培育过程中，企业应强调以客户为中心的理念，教育员工关注客户需求，提高客户满意度。通过培养员工的客户意识和服务意识，使员工能够积极主动地为客户提供优质的产品和服务。而要实现这一目标，企业必须深入了解客户的需求和期望，将这些需求和期望融入企业文化中，使企业文化更加贴近客户和消费者。为了更好地了解客户需求，企业可以采用多种方式：第一，定期进行市场调研是一种有效的方法。市场调研可以帮助企业了解市场的总体趋势和竞争对手的情况，同时还能发现潜在的客户需求和商机。第二，与客户进行直接沟通也是非常重要的。企业可以通过客户访谈、座谈会等方式了解客户的具体需求和反馈，及时发现和解决潜在问题。第三，利用大数据和人工智能技术进行数据分析也是一种有效的手段。这些技术可以帮助企业从大量的数据中挖掘出客户的消费习惯、偏好和行为特征，为企业制订更加精准的市场策略提供支持。

在深入了解客户需求的基础上，企业可以制订更有针对性的组织创新和文化培育策略。例如，根据客户对产品功能的需求，企业可以调整研发团队的组织结构和工作重点；根据客户对服务的要求，企业可以优化服务流程、提高服务水平；根据客户对价格的敏感度，企业可以制订更加合理的定价策略。同时，在文化培育方面，企业可以将客户至上的价值观融入员工的日常工作中，通过培训、宣传等方式强化员工的客户意识和服务意识。

（二）优化产品设计和服务

产品设计和服务的优劣直接影响到企业的市场竞争力，因此，企业必须根据客户需求和市场变化，持续改进和提升产品设计和服务质量，以满足客户的期望和需求。优化产品设计是提升企业竞争力的关键。随着科技的不断发展，消费者对产品的需求也在不断升级。企业必须时刻关注市场动态和消费者需求的变化，对产品设计和功能进行持续改进。通过优化产品设计，企业可以提高产品质量、降低生产成本、增强产品的差异化和个性化，从而提升产品的市场竞争力。为了实现产品设计的优化，企业需要采取一系列措施：首先，加强市场调研和用户反馈的收集是必不可少的。通过市场调研，企业可以了解消费者的需求和偏好以及竞争对手的产品特点，为产品设计提供有力的数据支持。同时，及时收集和处理用户反馈，对产品进行持续改进和迭代更新，以满足消费者不断变化的需求。其次，加强跨部门合作和沟通也是优化产品设计的重要手段。产品设计往往涉及多个部门，如研发、市场、销售等。企业应促进各部门之间的沟通和协作，确保产品设计既符合市场需求，又能有效地实现生产和销售。通过跨部门合作，企业可以整合资源、共享信息、协同工作，提高产品设计效率和成功率。

除了优化产品设计之外，提升服务水平也是企业在激烈的市场竞争中取得优势的关键。随着消费者对服务质量的日益关注，企业必须提供优质的服务以吸引并保留客户。服务质量的提高不仅可以增强客户的忠诚度，而且可以通过口碑传播为企业带来更多的潜在客户。要提升服务水平，企业需要建立完善的服务体系。从售前咨询、售中服务和售后支持等方面入手，企业应提供专业、及时和周到的服务。建立高效的客户服务团队，提供24×7的服务热线、在线客服等多元化的服务渠道，确保客户在任何时候都能得到满意的帮助和支持。同时，企业应重视客户反馈，对服务中存在的问题进行改进和优化，不断提高服务质量和客户满意度。

此外，企业还可以通过创新服务模式来提升竞争力。随着技术的发展，越来越多的企业开始提供数字化、智能化的服务。企业应紧跟时代潮流，利用先进的技术手段创新服务模式，如在线定制、智能客服等。通过创新服务模式，企业可以为客户提供更加便捷、高效的服务体验，从而赢得客户的信任和支持。

（三）建立客户导向的企业文化

在当今竞争激烈的市场环境中，企业要取得成功，必须建立一种以客户为中心的企业文化。这种文化不仅是一种表面的口号，而且是一种深植于企业内部的价值观和工作方式。通过培养员工对客户的关注和尊重，企业能够创造出真正符合市场需求的产品和服务，进而赢得客户的信任和支持，实现可持续发展。建立客户导向的企业文化需要企业树立客户至上的价值观。客户是企业存在的根本，没有客户的需求和满意度，企业就无法生存和发展。因此，企业必须将客户置于首位，将客户满意度作为衡量企业成功的重要标准。这种价值观的树立需要从企业高层做起，自上而下地传递给每个员工，确保每个员工都能够深刻地理解并践行客户至上的原则。为了实现客户导向的企业文化，企业需要通过各种方式培养员工的客户意识和服务意识。首先，企业需要对员工进行系统的培训和教育。通过培训课程、内部讲座和分享会等形式，向员工传授客户服务意识的重要性、服务技巧和沟通方法。这种培训不仅有助于提高员工的专业技能，而且可以培养员工对客户的关注和尊重。其次，企业可以通过激励措施来强化员工的客户意识。例如，设立客户满意度考核指标，将员工薪酬与客户需求满意度挂钩，激励员工更加关注客户需求和反馈。同时，对于在服务中表现优秀的员工，企业应给予适当的奖励和表彰，发挥榜样作用，激发其他员工的积极性和创新性。此外，建立客户导向的企业文化还需要企业营造一个良好的内部氛围。企业应鼓励员工之间的团队合作和分享交流，促进信息流通和经验共享。通过组织团队建设活动、建立内部社交平台等方式，增强员工之间的凝聚力和归属感，使员工更加积极主动地投入到为客户服务的行列中。为了更好地了解客户需求和期望，企业应建立有效的信息反馈机制。通过收集客户反馈、定期调查和数据分析等方式，企业可以及时了解客户需求的变化以及产品或服务的不足之处。将这些信息反馈给相关部门和员工，共同探讨改进措施，确保产品和服务始终与客户期望保持一致。

为了更好地满足客户需求和提升客户体验，企业应鼓励员工与客户保持密切的沟通和互动。提供多种渠道便于客户反馈意见和建议，如电话、电子邮件、社交媒体等。积极倾听客户的想法和需求，及时回应并解决客户的问题和困扰，让客户感受到企业的关注和关怀。建立客户导向的企业文化是驱动企业持续发展的核心动力。通过树立客户至上的价值观、培养员工客户意识、建立信息反馈机制、鼓励员工与客户互动等方式，企业可以创造出真正符合市场需求的产品和服务。这种以客户为中心的企业文化不仅能够提高客户满意度和忠诚度，而且能够增强企业的竞争力和创新能力，实现可持续发展。

二、鼓励开放与合作

组织创新已成为企业持续发展的关键。而要实现有效的组织创新，企业必须鼓励开放与合作的精神。开放的心态和跨部门的合作能够激发员工的创造力和团队合作精神，打破传统思维的束缚，更好地应对外部挑战和机遇。鼓励开放与合作需要企业营造一种包容和多元的文化氛围。企业应尊重并接纳不同背景、观点和意见的员工，鼓励他们勇于表达自己的想法和建议。通过建立有效的沟通渠道和反馈机制，企业可以促进信息自由流通和知识分享，使员工能够更好地了解彼此的工作和需求，进而形成更紧密的合作关系。

为了打破部门壁垒，企业需要消除组织内部的障碍，建立跨部门的协作机制。不同部门之间的员工应定期进行交流和合作，共同探讨解决问题的方法和创新思路。通过跨部门合作，企业可以整合资源、共享知识和经验，提高工作效率和创新能力。同时，这种合作还能培养员工的团队合作精神和跨部门协调能力，提升个人和组织的竞争力。

为了鼓励员工积极参与开放与合作，企业需要建立激励机制。通过设立创新奖励、团队合作奖金等方式，激励员工主动探索新的想法和解决方案。同时，对于那些在跨部门合作中表现突出的员工，企业应给予相应的晋升和职业发展机会，激发员工的积极性和创造力。此外，企业还可以通过培训和教育来培养员工的开放与合作意识。通过定期举办团队建设活动、沟通技巧培训、项目管理课程等，提高员工的团队合作能力和跨部门沟通能力。通过这些培训和教育活动，企业可以帮助员工树立正确的价值观和行为准则，培养出更多具有开放与合作精神的优秀人才。

为了确保开放与合作的顺利实施，企业还需要建立相应的组织架构和管理制度。企业应设立专门的跨部门协作团队或项目管理办公室，负责协调和推动不同部门之间的合作。同时，企业应制定明确的管理制度和流程，规范跨部门合作的运作方式，确保合作的有效性和效率。通过建立科学的管理体系和明确的组织架构，企业可以更好地整合资源、协调各方利益，推动组织创新的顺利进行。

三、持续改进与优化

在竞争激烈的市场环境中，企业要保持持续的竞争优势，必须不断地进行组织创新和文化培育。这不仅是一个创新的过程，而且是一个持续改进与优化的过程。企业需要不断地审视自身在市场中的位置和竞争态势，对组织结构和制度进行持续优化，完善企业文化的内涵，以适应不断变化的市场需求和行业趋势。

持续改进与优化需要企业具备敏锐的市场洞察力。企业应时刻关注市场动态和行业变化，了解竞争对手的策略和动向，分析客户需求和期望。通过定期的市场调研、竞争对手分析和客户访谈等方式，企业可以获取宝贵的信息，为持续改进与优化提供依据。在了解市场和竞争态势的基础上，企业需要对自身的组织结构和制度进行持续优化。随着市场的变化和企业的成长，原有的组织结构可能不再适应新的需求。企业应对组织架构进行调整，使其更加灵活和高效，以便更好地应对市场变化和抓住机遇。同时，企业应不断完善管理制度和工作流程，确保各项业务运作顺畅，提高工作效率和响应速度。

优化组织结构的同时，企业还需要注重企业文化的培育和优化。企业文化是企业的灵魂和核心价值观的体现，对员工的思维方式和行为产生深远的影响。企业应重视企业文化的建设和发展，通过各种方式培养和弘扬企业文化，使其成为员工共同遵循的价值观和行为准则。同时，随着企业的发展和市场环境的变化，企业文化也需要不断地完善和更新，以保持其活力和适应性。为了实现持续改进与优化，企业需要建立一种创新和学习的文化氛围。鼓励员工不断学习和探索新的知识和技能，培养他们的创新意识和能力。通过开展内部培训、分享会和知识交流等活动，促进员工之间的知识分享和学习成长。同时，企业应鼓励员工勇于尝试新的方法和思路，宽容失败，从失败中汲取教训和经验。

持续改进与优化是保持企业竞争优势的关键。企业应具备敏锐的市场洞察力、不断优化组织结构和制度、培育和发展企业文化、建立创新和学习的文化氛围、建立有效的激励机制。通过持续改进与优化，企业可以保持竞争优势并适应不断变化的市场环境。这种持续改进与优化的过程将为企业带来更强的竞争力和更好的发展前景。

四、培养与引进人才

在当今竞争激烈的市场环境中，人才是企业发展的关键。组织创新与文化培育的过程中，企业必须高度重视人才的引进、培养和激励。通过打造一支具备创新精神和实践能力的团队，企业能够不断推动自身的发展，应对外部挑战，实现持续竞争优势。企业应积极引进高素质人才。在招聘过程中，企业应注重选拔具备创新思维、团队协作和专业技能的人才。通过校园招聘、社会招聘等多种渠道，广泛吸引优秀人才加入企业。同时，企业应建立科学的招聘流程和选拔标准，确保引进的人才能够适应企业文化和业务发展需求。除了引进人才之外，企业还应注重内部人才培养。通过定期开展培训、研讨会、导师制度等方式，不断提升员工的技能和知识水平。鼓励员工参加行业培训和交流活动，拓宽视野，了解行业最新动态。企业应提供职业发展规划和晋升机会，帮助员工实现个人成长和职业价值。在培养人才的过程中，企业应注重创新精神与实践能力的结合。创新是组织发展的动力源泉，企业应鼓励员工敢于尝试新的思路和方法，勇于突破传统思维的束缚。通过开展创新项目、鼓励员工提出改进意见等方式，激发员工的创新意识和创造力。同时，企业应注重培养员工的实践能力，提高他们在实际工作中解决问题的能力。

通过模拟实战、案例分析等方式，加强员工应对复杂问题的能力。为了更好地吸引和留住人才，企业应建立完善的激励机制。合理的薪酬福利制度是吸引人才的基础，企业应确保薪酬水平与市场接轨，提供有竞争力的福利待遇。同时，企业应设立明确的奖励机制，对于在工作中表现突出的员工给予相应的奖励和表彰。通过物质激励和精神激励的双重手段，激发员工的工作积极性和创造力。除了物质激励之外，企业还应关注员工的精神需求；提供良好的工作环境和氛围，尊重员工的意见和建议，建立良好的沟通渠道；鼓励员工参与决策和管理，提高他们的归属感和责任感。此外，企业应注重团队建设与合作。通过团队活动、团建活动等方式，增强员工之间的凝聚力与合作精神；建立跨部门协作机制，打破部门壁垒，促进信息共享和资源整合；鼓励员工在团队中发挥自身优势，共同应对挑战，提升团队整体实力。

第四节　政策利用与网络构建

一、政策利用

政策利用在新兴市场企业的创新战略中具有重要意义。对国家政策的深度解读和精准把握是企业制订创新战略的基础。在我国，政府在经济发展中起着主导作用，国家出台的一系列政策对于企业的创新活动具有重要影响。为了更好地利用政策资源，企业需要对国家政策进行深入研究和分析。这包括了解国家政策的制定背景、政策目标、实施方式以及政策对企业发展的影响等方面。通过对政策的深度解读，企业可以把握国家对相关产业的政策导向和支持力度，从而更好地制订创新战略，抓住政策机遇。同时，企业还需要精准把握政策内涵，避免对政策的误读和误解。在解读政策时，企业应关注政策中的具体条款和细节要求，了解政策的操作程序和条件要求，以便在制订创新战略时充分考虑政策的限制和机遇。只有精准把握政策内涵，企业才能制订出符合政策导向的创新战略，从而更好地利用政策资源，降低创新成本和市场风险。

除了对国家政策的深度解读和精准把握外，企业还需要积极关注政策动向，及时调整创新战略。政策环境是动态变化的，国家政策可能会随着国内外经济形势的变化而调整。为了保持创新战略的时效性和针对性，企业需要密切关注政策动向，及时了解政策变化对企业发展的影响。在关注政策动向的过程中，企业应建立完善的信息收集和分析机制。这可以通过与政府部门、行业协会、专业机构等建立合作关系，获取第一手资料和权威信息。同时，企业还应加强内部信息建设，建立专门的信息部门或团队，负责收集、整理和分析政策信息，为企业决策提供有力支持。在获取政策信息后，企业应及时调整创新战略，确保其与国家政策导向保持一致。调整创新战略需要考虑多个方面，包括产品研发、市场开拓、资源配置等。

企业应根据政策变化对不同领域的支持力度和限制条件，灵活调整创新重点和资源分配。例如，如果国家加大对某一领域的支持力度，企业可以加强在该领域的研发投入和市场开拓，以充分利用政策资源。通过及时调整创新战略，企业不仅可以降低创新成本，而且可以在一定程度上降低市场风险。这是因为国家政策的出台往往基于对国内外经济形势的深入分析和判断。企业跟随政策导向调整创新战略，可以更好地把握市场趋势和机遇，提高创新成果的市场转化率。政策利用在新兴市场企业的创新战略中具有重要地位。通过对国家政策的深度解读和精准把握、积极关注政策动向并调整创新战略等措施，企业可以更好地应对外部环境的变化，抓住政策机遇，降低创新成本和市场风险，提升自身竞争力，实现可持续发展。

在创新战略的制订与实施中，企业仅仅依靠自身的力量是远远不够的。特别是在技术日新月异的今天，没有任何一家企业能够独自掌握所有的技术和资源。因此，借助政策力量构建多元化的创新网络成为企业提升创新能力、增强竞争力的重要途径。政策力量在这里起到了关键的推动作用。政府通过出台一系列政策措施，如税收优惠、研发补贴、产学研合作等，鼓励企业与高校、科研机构、上下游企业等合作。这些政策不仅降低了企业合作的成本，而且为企业提供了更多的合作机会和平台。与高校和科研机构的合作，是企业获取先进技术和人才的重要途径。高校和科研机构拥有丰富的科研资源和人才储备，在基础研究、应用开发等方面具有独特的优势。通过与这些机构的合作，企业可以快速获取最新的技术成果，将其转化为具有市场竞争力的产品或服务。同时，企业还可以与高校和科研机构联合培养人才，为企业输送源源不断的创新型人才。

与上下游企业的合作是企业实现产业链整合、提升整体竞争力的重要手段。上下游企业之间存在着紧密的依存关系，它们的合作不仅可以降低交易成本，而且可以提高整个产业链的运作效率。通过与上下游企业的合作，企业可以更好地了解市场需求和供应链动态，及时调整自己的生产策略和市场策略。同时，这种合作还有助于企业突破资源瓶颈，实现优势互补，提升整体竞争力。除了与高校、科研机构、上下游企业的合作外，企业还可以通过加入行业协会、参与国际标准制定等方式，拓展自己的合作网络。这些合作网络为企业提供了更多的市场机会和资源平台，有助于企业在全球范围内寻找合作伙伴和优质资源。

二、网络构建

网络构建在新兴市场企业创新战略中的作用不容忽视，尤其是在当今这个信息化、全球化的时代，网络已经成为企业获取竞争优势、推动创新发展的关键资源。对于新兴市场企业而言，如何利用网络构建来提升自身的创新能力成为摆在它们面前的一大课题。

首先，网络构建为企业打破了地域限制，提供了无限的可能性。在过去，企业往往受限于地理位置，只能在有限的范围内寻找合作伙伴和资源。而如今，借助互联网的力量，企业可以轻松地跨越国界，与全球各地的企业、机构和个人建立联系。这意味着企业可以在全球范围内寻找最优质的资源、最先进的技术以及最具潜力的市场。这种全球化的网络构建不仅为企业带来了更多的选择，而且为企业带来了更高的效率。通过网络，企业可以实时地与合作伙伴进行沟通、协作，无论是研发、生产还是销售，都可以实现更加紧密地协同。这不仅有助于缩短产品上市的时间，而且有助于降低运营成本，提高企业的整体竞争力。

其次，网络构建有助于企业更好地理解市场需求，提高产品与服务的针对性。在信息化时代，消费者的需求日益多样化、个性化。企业要想在激烈的市场竞争中脱颖而出，就必须准确地把握消费者的需求，提供符合他们期望的产品和服务。而网络正是企业获取市场信息、了解消费者需求的重要渠道。通过网络构建，企业可以建立与消费者的直接联系，收集他们的反馈和建议，从而更好地理解他们的需求和期望。同时，企业还可以利用大数据、人工智能等技术，对收集到的数据进行分析和挖掘，发现市场的潜在需求和趋势，为产品研发和市场开拓提供有力的支持。

最后，网络构建有助于企业建立品牌形象，提升市场影响力。在互联网时代，企业的形象和声誉在很大程度上取决于其在网络上的表现。通过网络构建，企业可以建立自己的官方网站、社交媒体账号等，发布最新的产品信息、企业动态，与消费者进行互动，提升品牌的知名度和美誉度。同时，网络构建还可以帮助企业拓展销售渠道，提高销售业绩。借助电子商务平台，企业可以将产品销往全球各地，实现销售的快速增长。

网络构建在新兴市场企业创新战略中的作用不容小觑。通过打破地域限制、获取先进技术、理解市场需求、建立品牌形象、拓展销售渠道等方式，网络构建为企业带来了前所未有的机遇和挑战。因此，新兴市场企业应高度重视网络构建在创新战略中的地位和作用，推动自身的创新发展。

网络构建不仅有助于企业与外部世界的沟通，而且有助于企业内部各部门之间的沟通。在传统的企业组织结构中，信息的传递往往受到层级结构的限制，导致信息传递速度慢、效率低下。而网络构建为企业提供了一个全新的沟通平台，使企业内部各部门之间的信息传递和共享变得更加高效。通过内部信息平台的建设，企业可以实现各部门之间的实时沟通和协作。这样的平台不仅可以使信息的传递更加迅速，而且可以确保信息的完整性和准确性，避免因人为因素导致的信息失真或遗漏。这种高效的沟通机制有助于提高企业的决策效率和执行力，使企业在市场竞争中更加迅速地应对变化。此外，网络构建还为企业提供了一个与外部世界沟通的桥梁。借助网络平台，企业可以与客户、投资者和公众进行更加直接和透明地沟通。通过社交媒体、官方网站、在线客服等方式，企业可以及时获取客户的反馈和建议，了解他们的需求和期望，从而更好地为他们提供定制化的产品和服务。同时，网络构建也有助于企业与投资者建立更加紧密的联系。通过网络平台，企业可以及时发布财务报告、重大事件等信息，使投资者更加全面地了解企业的经营状况和发展前景。这样的透明度不仅可以增强投资者对企业的信任和支持，而且有助于提升企业的市场形象和品牌价值。此外，网络构建还能帮助企业更好地与公众进行沟通。通过参与公益活动、发布社会责任报告等方式，企业可以展示自己的社会责任感和价值观，提升公众对企业的好感度和认同感。同时，企业还可以利用网络平台开展公关活动，及时应对危机事件，维护企业的声誉和形象。

第六章　新兴市场企业竞争优势构建的策略建议

第一节　强化核心能力建设

一、明确核心能力的定位

为了明确核心能力的定位，企业需要深入分析自身的资源、技术、管理、品牌等方面，确定真正使企业区别于竞争对手的独特能力。这种分析不仅包括对当前市场环境和竞争态势的评估，而且需要考虑未来的发展趋势和潜在机遇。

在资源方面，企业需要评估自身所拥有的有形资源和无形资源，如资金、设备、技术、品牌等。通过对资源的分析，企业可以明确哪些资源对自身发展具有关键作用，并制订相应的策略来最大化这些资源的利用价值。

在技术方面，企业需要分析自身的技术实力和创新能力。了解自身在行业中的技术地位，以及在产品研发、生产技术等方面的优势和不足。通过技术创新和研发，企业可以不断提升自身的技术水平和竞争优势。

在管理方面，企业需要评估自身的管理体系和团队能力，包括组织结构、人力资源管理、财务管理等方面的管理能力和水平。通过提升管理水平，企业可以提高运营效率和市场竞争力。

在品牌方面，企业需要注重品牌形象的塑造和维护。通过打造独特的品牌文化、提升品牌知名度和美誉度，企业可以获得消费者的认可和信任，从而在市场竞争中获得优势。

通过深入分析自身的资源和能力，企业可以明确自身的核心能力所在，并制订相应的策略来强化这些能力。这有助于企业集中有限的资源，在关键领域形成突破。例如，如果企业的核心能力在于技术研发和创新，那么企业应该加大研发投入，引进和培养技术人才，推动技术创新和产品升级；如果企业的核心能力在于品牌和市场营销，那么企业应该注重品牌建设和市场营销策略的制订和执行，提升品牌知名度和市场占有率。

在明确核心能力的定位后，企业还需要采取一系列措施来强化这些能力。首先，企业需要制订明确的战略规划和目标，确保企业的发展方向与核心能力相符合。其次，企业需要建立完善的组织架构和运营体系，确保核心能力的发挥和提升。这包括优化内部管理流程、建立高效的决策机制、加强团队建设和人才培养等方面。再次，企业需要注重创新和研发，不断推动产品和技术的升级换代，以保持竞争优势。最后，企业需要加强市场营销和品牌推广，提升品牌价值和市场影响力。

二、加大研发投入，推动技术创新

技术创新是推动企业发展的核心动力，也是强化核心能力的重要手段。对于新兴市场企业而言，加大研发投入、推动技术创新显得尤为关键。引进先进技术是提升企业技术水平的有效途径之一。通过引进国内外先进的工艺、设备、材料等，企业可以快速提升自身的技术水平和生产能力。同时，引进技术可以缩短研发周期，降低研发成本和风险，使企业更快地实现技术突破和市场拓展。然而，引进技术并非万能的解决方案。企业需要注重技术的消化和吸收，真正掌握核心技术和知识产权。因此，与科研机构合作成为另一种提升技术水平的重要方式。通过与科研机构合作，企业可以获得技术支持和人才培养，共同开展研发项目，推动技术成果的转化和应用。这种合作模式可以实现资源共享和优势互补，降低创新成本和风险，提高技术创新的成功率。除了引进技术和合作研发外，培养内部研发团队也是提升技术水平的重要手段。企业应该注重人才培养和团队建设，通过内部培训、外部引进等方式，提高研发人员的技能水平和创新能力。同时，建立完善的激励机制，激发研发人员的积极性和创造力，推动企业内部的技术创新和研发成果转化。

在推动技术创新的过程中,企业需要注重将技术成果转化为实际的产品和服务,以满足市场需求,实现商业价值。这需要企业加强市场调研和需求分析,了解客户需求和行业发展趋势,制订针对性的产品开发计划。同时,企业需要加强产品设计和用户体验,提高产品的质量和竞争力。通过不断创新和完善产品和服务,企业可以赢得客户的信任和忠诚度,进一步巩固和提升市场地位。

技术创新是强化核心能力的重要手段。新兴市场企业应该加大研发投入,通过引进先进技术、与科研机构合作、培养内部研发团队等方式,不断提升自身的技术水平。通过不断的技术创新和提升核心能力,新兴市场企业可以逐步缩小与发达国家的差距,实现跨越式发展,并在激烈的市场竞争中立于不败之地。为了更好地实施技术创新和核心能力建设,企业还需要建立完善的创新管理体系。这包括制订明确的创新战略和目标、建立创新组织架构和流程、完善创新激励机制、加强创新文化建设等方面。通过创新管理体系的建设,企业可以更好地整合内外部资源、优化创新流程、提高创新效率和成功率,从而进一步强化自身的核心能力和竞争优势。

三、构建高效的组织架构和运营体系

核心能力的有效发挥,离不开高效的组织架构和运营体系的支撑。一个优秀的企业,其组织架构和运营体系应该与核心能力相匹配,为核心能力的发挥提供有力保障。

首先,企业需要建立扁平化、灵活响应的组织结构,以减少决策层级,提高执行效率。传统的金字塔式组织结构,层级过多,信息传递缓慢,决策效率低下,难以适应快速变化的市场环境。通过组织结构的扁平化改造,企业可以减少中间环节,加快信息传递速度,提高决策效率。同时,扁平化的组织结构还有助于增强员工的参与感和自主性,激发员工的创造力和积极性。

其次,企业需要优化内部管理流程,建立跨部门协作机制,打破信息孤岛，实现资源共享和优势互补。企业内部各个部门之间往往存在信息不畅、协作不力的情况，导致资源浪费和效率低下。通过优化管理流程，企业可以明确各个部门的工作职责和协作方式，加强部门间的沟通与合作。同时，建立跨部门协作机制，鼓励员工跨部门交流与合作，实现资源共享和优势互补，提升整体运营效率。

再次，培养员工的创新能力和团队协作精神也是至关重要的。核心能力的发挥不仅依赖于企业的高效组织架构和运营体系，而且需要员工的积极参与和贡献。企业应该注重员工的培训和发展，提供良好的学习和成长环境，激发员工的创新思维和创造力。同时，培养员工的团队协作精神，强化团队意识，提高团队执行力。通过员工的创新和协作，企业可以不断推动核心能力的提升和优化。

最后，企业需要建立完善的绩效评估和激励机制。绩效评估是衡量员工工作表现和核心能力发挥程度的重要手段。企业应该建立科学的绩效评估体系，明确评估标准和评估方法，对员工进行客观、公正地评估。同时，建立与绩效评估相匹配的激励机制，给予优秀员工适当的奖励和激励，激发员工的积极性和创造力。

四、强化品牌建设和市场营销

品牌形象和市场营销是企业核心能力的重要体现，也是企业在市场竞争中取得优势的关键因素。品牌形象和市场营销策略对于企业的长期发展和成功至关重要。

首先，企业应注重品牌形象的塑造和维护。品牌形象是指企业在市场中形成的独特形象和声誉，是消费者对企业的认知和信任。企业应该通过提供优质的产品和服务、塑造独特的品牌文化、实施有效的品牌传播策略等方式，不断提升品牌知名度和美誉度。品牌知名度和美誉度的提升有助于企业在市场中树立良好的形象，增强消费者对企业的认同感和忠诚度。在塑造和维护品牌形象的过程中，企业需要注重产品质量和服务质量。优质的产品和服务是品牌形象的基础，只有提供满足甚至超越客户需求的产品和服务，才能赢得消费者的信任和忠诚。同时，企业需要塑造独特的品牌文化，使品牌形象具有鲜明的个性和特点，能够在市场中脱颖而出。此外，有效的品牌传播策略也是提升品牌知名度和美誉度的关键手段，企业需要选择合适的传播渠道和方式，将品牌信息传递给目标受众。

其次，企业应加强市场营销体系建设。市场营销是企业与消费者之间的桥梁，也是企业实现盈利的重要手段。企业应该深入了解客户需求和市场动态，制订精准的市场营销策略，提高市场占有率和盈利能力。了解客户需求和市场动态是企业制订精准市场营销策略的前提。企业需要通过市场调查、数据分析等方式，了解消费者的需求、偏好及市场的发展趋势。只有深入了解市场和消费者，才能制订出符合市场实际需求的市场营销策略。制订精准的市场营销策略是企业实现市场占有率和盈利能力提升的关键。企业需要根据市场和消费者的特点，制订针对性的市场营销策略，包括产品定位、价格策略、渠道选择、促销活动等。同时，企业需要不断创新市场营销手段，提高市场营销的效率和效果，如利用数字营销、社交媒体等新兴渠道，提升品牌知名度和市场占有率。

最后，企业应注重客户体验和关系管理。客户体验是指消费者对产品、服务和品牌的整体感受，是企业赢得消费者信任和忠诚的重要因素。企业应该关注客户体验的细节，从产品、服务、品牌等方面提升客户体验。同时，建立良好的客户关系管理机制，及时了解消费者的需求和反馈，积极处理消费者的问题和投诉，维护企业的品牌形象和客户关系。

五、建立持续学习和改进机制

核心能力的建设是一个需要长期投入和持续努力的过程。对于任何一个有志于在市场竞争中立足的企业来说，必须深刻地认识到这一点，并建立起与之相适应的持续学习和改进的机制。在这个不断变化的时代，行业发展趋势和竞争对手动态都在不断地变化。企业要想保持自身的竞争优势，就必须时刻保持敏锐的市场洞察力，及时捕捉并应对这些变化。为此，企业需要建立一套有效的市场情报收集和分析系统，通过定期的市场调研、竞争对手分析等方式，持续跟踪行业的发展趋势和竞争对手的动态。在掌握了充分的市场情报之后，企业还需要根据这些信息及时调整自身的战略和策略。这包括对产品定位、市场布局、营销策略等各个方面的调整。通过这种持续的调整和优化，企业可以确保自身的核心能力始终与市场需求保持高度匹配，从而在激烈的市场竞争中立于不败之地。当然，核心能力的建设离不开员工的参与和支持。员工是企业最宝贵的资源，也是企业核心能力的重要载体。因此，企业需要鼓励员工参与学习和培训，不断提升他们的个人能力和素质。这不仅可以增强员工的归属感和责任感，而且可以为企业的核心能力注入新的活力和动力。

为了提升员工的学习效果和培训质量，企业还需要建立一套完善的学习和培训体系。这包括制订明确的学习计划和培训目标、选择适合的学习内容和培训方式，以及建立有效的学习评估和反馈机制等。通过这种体系化的学习和培训，企业可以确保员工的知识和技能得到持续更新和提升，从而更好地支撑企业的核心能力建设。此外，企业还需要通过定期的评估和反馈来检验核心能力的建设成果。这包括对产品质量、客户满意度、市场占有率等关键指标的定期评估。通过这些评估，企业可以及时发现并改进存在的问题和不足，从而确保核心能力的持续提升和更新。同时，定期的评估和反馈还可以为企业提供宝贵的经验教训和持续改进的动力。通过对成功和失败案例的深入分析，企业可以总结出宝贵的经验教训，并将这些经验教训应用到后续的核心能力建设中。这种持续地学习和改进不仅可以提升企业的核心能力，而且可以培养企业的创新能力和应变能力，使企业在面对市场变化和竞争挑战时更加从容和自信。

第二节 推动组织变革与创新

一、组织文化和价值观的塑造

组织文化和价值观在组织变革与创新中扮演着重要角色。积极向上、开放创新、灵活适应的组织文化和价值观能够为组织变革与创新提供强大的精神支撑和动力源泉。这种文化和价值观能够激发员工的创造力和创新精神，推动组织不断向前发展。首先，组织文化和价值观能够引领员工的思想和行为。积极向上的组织文化能够使员工更加热爱自己的工作，愿意为组织的发展贡献自己的力量。在这种文化氛围下，员工会更加积极主动地参与组织的变革与创新，不断追求卓越，为企业的发展贡献自己的智慧和力量。其次，组织文化和价值观能够增强员工的归属感和忠诚度。员工对组织的归属感和忠诚度是组织变革与创新的重要保障。开放创新、灵活适应的组织文化和价值观能够使员工感受到组织的关怀和支持，这种归属感和忠诚度能够激发员工的创造力，推动组织不断进行变革和创新。

为了塑造良好的组织文化和价值观，企业需要采取一系列措施。第一，企业需要明确自身的文化和价值观，并确保这些文化和价值观与企业的战略目标和发展方向相一致。第二，企业需要通过各种方式（培训、活动等）向员工传递这些文化和价值观，使员工深入理解和认同这些文化和价值观。第三，企业需要建立相应的制度和机制，确保这些文化和价值观能够在实践中得到贯彻和落实。同时，塑造良好的组织文化和价值观需要长期投入和持续努力。第四，企业需要通过不断改进和优化自身的经营管理模式，创造一个良好的工作氛围和发展环境，激发员工的创造力和创新精神。第五，企业需要鼓励员工积极参与到组织的变革和创新中来，发挥员工的主动性和创造性，推动组织的持续发展。第六，为了更好地推动组织变革与创新，企业需要建立一套完善的激励机制。这套激励机制应该充分考虑员工的个人发展需求和职业规划，为员工提供更多的晋升机会和职业发展空间。第七，企业需要通过各种方式（奖励、荣誉等）激励员工积极参与组织的变革和创新，激发员工的积极性和创造力。第八，企业需要持续跟踪和评估组织变革和创新的成果。通过定期评估和反馈，企业可以及时发现组织变革和创新中存在的问题和不足，并及时进行调整和改进。第九，企业需要根据评估结果对激励机制进行相应的调整和完善，确保激励机制的有效性和持续性。

二、领导力的培养与提升

领导者在组织变革与创新中的重要性不言而喻。他们是组织的引路人和推动者，肩负着引领组织应对外部挑战、把握机遇、推动创新的重任。一个具有远见卓识的领导者能够洞察市场的变化和行业的发展趋势，为组织制订明确的发展战略和创新方向。他们敢于担当，勇于承担责任，为组织的变革与创新提供坚实的后盾。同时，善于沟通的领导者能够有效地协调组织内外的各种资源，促进各部门的协同合作，为组织的变革与创新创造良好的环境。为了推动组织的变革与创新，企业需要高度重视领导力的培养与提升。

企业应该建立一套完善的领导者选拔和培养机制。这套机制应该注重领导者的潜力和能力，而不仅仅是经验和资历。通过公平、公正的选拔程序，企业能够选拔出具有创新精神、领导潜质的优秀人才，为组织的变革与创新注入新的活力。企业需要为领导者提供全面的培训和实践机会。培训是提高领导者能力的重要途径。企业应该根据领导者的需求和组织的战略目标，设计针对性的培训课程。这些课程应该包括战略管理、创新思维、沟通技巧等方面的内容，帮助领导者提升综合素质和领导能力。企业应该为领导者提供丰富的实践机会，让他们在实践中不断摸索、不断总结，从而提升领导能力。在领导能力的培养与提升过程中，企业还需要注重领导者的个性化和差异化发展。每个领导者都有自己的特长和优势，企业应该根据领导者的个性特点和能力差异，制订个性化的培养计划和发展路径。通过个性化的培养和发展，企业能够充分发挥每个领导者的潜力，为组织的变革与创新提供多样化的领导力量。

此外，企业还需要建立一套有效的领导者激励机制。激励机制是推动领导者积极参与组织变革与创新的重要手段。企业应该根据领导者的贡献和绩效，给予相应的奖励和晋升机会。这些奖励和机会不仅能够激发领导者的积极性和创造力，而且能够增强他们对组织的归属感和忠诚度。企业需要为领导者营造一个良好的工作环境和氛围。良好的工作环境和氛围能够激发领导者的创新精神和工作热情。企业应该注重团队建设和组织文化的塑造，为领导者创造一个开放、包容、协作的工作氛围。在这样的环境中，领导者能够充分发挥自己的才能和智慧，为组织的变革与创新贡献自己的力量。

三、员工培训与教育

员工是组织变革与创新的主体，他们的素质和能力直接影响到变革与创新的成功与否。在当今不断变化的市场环境中，员工需要不断更新自己的知识和技能，以适应组织的变革和创新需求。因此，企业需要重视员工的培训与教育，为员工提供持续学习和成长的机会，激发他们的创造力和创新精神。

企业应该建立健全的培训体系。培训是提高员工素质和能力的重要途径。企业应该根据自身的战略目标和业务发展需求，制订相应的培训计划和课程。这些课程应该涵盖专业技能、管理能力、创新能力等多个方面，以满足员工不同层次的需求。同时，企业应该注重培训内容的实用性和针对性，结合实际工作场景，让员工在实践中学习和成长。企业应该鼓励员工参加外部培训和学习。外部培训和学习可以帮助员工获取更广泛的知识和技能，开拓视野，提高综合素质。企业应该为员工提供参加行业会议、学术交流、专业研讨会等机会，鼓励员工参加相关的学习和培训活动。同时，企业还可以与高校、研究机构等合作，为员工提供进修和深造的机会。

除了传统的培训和学习方式之外，企业还可以利用在线课程和数字化学习平台提高员工的素质和能力。在线课程具有灵活方便、高效快捷的优势，员工可以根据自己的时间和需求进行自主学习。企业可以购买或开发适合员工的在线课程资源，让员工自主选择学习内容和时间。同时，企业还可以利用数字化学习平台进行在线培训和学习交流，促进员工之间的互动和分享。

除了培训和教育之外，企业还需要建立良好的激励机制和晋升通道，激发员工的创造力和创新精神。激励机制应该与员工的绩效和创新成果挂钩，给予员工相应的奖励和荣誉。同时，企业还应该为员工提供良好的职业发展机会和晋升通道，让员工看到自己在组织中的未来和发展空间。通过这些激励措施，企业可以激发员工的积极性和创造力，推动组织的变革和创新。企业需要建立良好的组织文化和氛围，营造一个开放、包容、创新的环境。组织文化是影响员工行为和态度的重要因素，积极向上、开放包容的组织文化能够激发员工的创造力和创新精神。企业应该注重培养员工的团队精神和协作意识，鼓励员工之间的交流和合作。同时，企业还应该营造一种鼓励创新、宽容失败的文化氛围，让员工敢于尝试新的想法和方法，勇于面对挑战和变革。

四、激励机制的建立

激励机制在推动组织变革与创新中发挥着重要作用。一个合理有效的激励机制能够激发员工的内在动力和创造力，使员工更加主动地参与组织的变革与创新活动。它不仅可以提高员工的工作积极性和忠诚度，而且可以为组织的长期发展提供源源不断的动力。

首先，创新奖励是激励员工积极参与变革与创新的有效手段。企业可以设立专门针对创新成果的奖励制度，对在产品研发、流程改进、市场开拓等方面取得突出成绩的员工给予物质和精神上的双重奖励。这些奖励可以是奖金、礼品、证书等形式，以表达企业对员工创新成果的认可和鼓励。通过创新奖励，企业可以激发员工的创新意识和创造力，形成积极向上的创新氛围。

其次，晋升机会是激励员工参与变革与创新的另一个重要手段。企业可以通过建立明确的晋升制度和职业发展规划，让员工看到自己在组织中的未来和发展空间。对于在变革与创新中表现突出的员工，企业可以给予相应的晋升机会，让他们承担更重要的职责和任务。这种晋升激励可以激发员工的自我实现感和事业心，促使他们更加努力地投入组织的变革与创新中。

再次，绩效奖金是激励员工参与变革与创新的有效方式。企业可以根据员工的绩效表现和贡献度，给予相应的绩效奖金，将员工的绩效与组织的变革成果挂钩。这种激励方式可以让员工意识到自己的工作表现对组织的重要性，从而更加积极地参与组织的变革与创新活动。

最后，企业可以通过营造良好的工作环境、提供富有挑战性的工作任务等方式激发员工的创造力和创新精神。建立合理的激励机制需要企业综合考虑自身的实际情况和市场环境。企业需要制定明确的激励政策和制度，确保激励措施的公平、公正和有效性。同时，企业还需要不断调整和完善激励机制，以适应市场变化和员工需求的变化。另外，企业在实施激励机制时还需要注重与员工的沟通和反馈。员工是企业变革与创新的主体，他们的意见和建议对激励机制的完善具有重要的参考价值。企业应该积极与员工沟通，了解他们的需求和期望，听取他们的意见和建议。通过与员工的沟通和反馈，企业可以不断完善激励机制，提高员工的满意度和忠诚度，从而更好地推动组织的变革与创新。

五、持续改进与反馈机制的建立

组织变革与创新是一个持续的过程，没有终点，只有不断地迭代和优化。在这个过程中，企业需要建立一套完善的改进与反馈机制，确保变革与创新的顺利进行。这套机制应该包括定期评估、员工反馈、数据分析等多个方面，以便全面了解组织的运营状况和存在的问题。定期评估是改进与反馈机制的重要环节。企业需要定期对组织的变革成果进行评估，检查各项措施是否达到预期目标，分析存在的问题和不足。通过定期评估，企业可以及时发现问题，为后续的改进提供依据。在评估过程中，企业可以采用多种方法，如内部审查、外部专家评估、第三方机构调查等，以确保评估结果的客观性和准确性。员工反馈是改进与反馈机制的关键组成部分。员工是企业的一线工作者，他们最了解组织的运营状况和存在的问题。通过员工反馈，企业可以了解员工的意见和建议，发现潜在的问题和不足。为了鼓励员工积极参与反馈，企业应该建立顺畅的沟通渠道，为员工提供多种反馈方式，如匿名调查、在线表单、面对面沟通等。同时，企业应该认真对待员工的反馈，及时回应并采取相应措施进行改进。数据分析为改进与反馈机制提供科学的支持。通过收集和分析组织运营的数据，企业可以全面了解组织的状况，发现存在的问题和不足。数据分析可以帮助企业识别潜在的风险和机会，为后续的改进提供决策依据。在数据分析过程中，企业应该注重数据的准确性和完整性，采用科学的方法进行数据处理和分析，以确保结果的可靠性。

除了上述几个方面之外，企业还需要鼓励员工提出意见和建议，充分发挥员工的主动性和创造性。员工是组织变革与创新的主体，他们的参与和贡献对组织的改进至关重要。企业应该建立良好的创新氛围，鼓励员工积极提出新的想法和建议，为组织的改进提供源源不断的动力。为了激发员工的创新精神，企业可以设立创新奖励、举办创新竞赛等活动，对优秀的创新成果给予相应的奖励和表彰。通过完善的改进与反馈机制，企业可以及时发现组织中存在的问题和不足，并及时进行调整和改进。这种机制不仅可以提高组织的运营效率和绩效表现，而且可以增强员工的归属感和忠诚度，促进组织的持续发展和竞争力提升。

在实施改进与反馈机制的过程中，企业还需要注意以下几点：首先，确保机制的透明度和公正性，让员工感受到企业的诚意和努力；其次，注重员工意见的多样性和包容性，尊重不同意见的存在和价值；最后，根据组织的实际情况和市场环境的变化不断完善和调整机制，以适应组织和市场的需求。

第三节 拓展国际市场与合作网络

一、拓展国际市场的意义

（一）增加企业市场份额

拓展国际市场对于现代企业的发展具有重要意义。随着全球经济一体化的加速和贸易壁垒的逐渐消除，国际市场为企业提供了更广阔的发展空间和更多的商机。通过拓展国际市场，企业可以接触到更多的潜在客户，扩大市场份额，提高品牌知名度和竞争力。

首先，国际市场拥有庞大的消费者群体。通过拓展国际市场，企业可以将产品和服务销售给更广泛的消费者群体，从而扩大市场份额。

其次，拓展国际市场有助于企业紧跟市场趋势。全球经济正在快速发展变化，市场需求和消费者偏好也在不断变化。通过拓展国际市场，企业可以及时了解不同国家和地区的消费者需求和趋势，从而及时调整产品和服务，抓住市场机遇。这种敏锐的市场洞察力有助于企业在激烈的市场竞争中保持领先地位。

最后，拓展国际市场可以为企业带来技术和管理经验的交流。与不同国家和地区的合作伙伴建立合作关系，可以促进企业之间的技术和管理经验的交流，从而提高企业的技术创新能力和管理水平。这种交流也有助于企业了解不同文化和商业环境，提升企业的国际化经营能力。

为了成功拓展国际市场，企业需要采取一系列策略和方法。第一，市场调研是关键。企业需要对目标市场进行深入调研，了解当地市场需求、竞争状况、法律法规和文化差异等信息。这有助于企业制订正确的市场策略和产品定位，避免盲目进入市场带来的风险。第二，产品定位和创新是拓展国际市场的核心。企业需要根据目标市场的需求和消费者偏好，对产品进行精准定位和创新。这包括改进产品质量、功能和外观设计等方面，以适应不同市场的需求。同时，企业需要注重产品的差异化竞争，突出自身产品的独特性和优势。第三，建立多元化的销售渠道是拓展国际市场的关键。企业需要根据当地市场的特点和消费习惯，建立多元化的销售渠道，包括线上渠道和线下渠道。通过与当地经销商合作、建立自己的销售网络或利用电商平台等途径，提高产品的覆盖率和销售额。同时，企业需要灵活调整销售策略和定价策略，以适应不同市场的竞争状况和消费者需求。第四，寻求与国际企业的合作是拓展国际市场的重要途径。通过与当地企业或国际知名企业合作，企业可以快速融入当地市场、获取资源和支持、提升品牌影响力。合作方式可以包括战略联盟、合资企业、授权代理等形式。通过合作，企业可以共享资源、降低成本、提高效率、实现互利共赢。第五，参加国际展览和商务活动是企业拓展国际市场的重要平台。

通过参加展览和活动，企业可以与潜在的合作伙伴和客户建立联系、了解行业动态、获取市场信息。此外，参加国际展览和活动还有助于提高企业在国际市场的知名度和品牌形象。通过展示自己的产品和服务，企业可以吸引更多潜在客户和合作伙伴的关注，从而拓展业务合作机会。企业需要注重风险管理和合规性。拓展国际市场面临着政治风险、经济风险、汇率风险等多种挑战。企业需要建立完善的风险预警与应对机制，对可能出现的风险进行充分评估和预警，制订相应的风险应对措施。同时，企业需要遵守国际贸易规则和法律法规，确保合法合规经营。

（二）提升品牌影响力

拓展国际市场对于提升企业的品牌影响力具有重要意义。随着全球化的加速，品牌的影响力在市场竞争中的地位越来越重要。一个具有国际影响力的品牌能够获得更多消费者的认可和信任，从而在激烈的市场竞争中脱颖而出。

首先，拓展国际市场可以让企业获得更广泛的品牌传播。在国际市场上，企业可以接触到更多的潜在客户和目标消费者，从而扩大品牌知名度。通过在海外市场的宣传和推广，企业可以提高品牌在国际舞台上的曝光度，吸引更多消费者的关注。这种广泛的品牌传播可以为企业带来更多的商机和市场份额。

其次，拓展国际市场有助于提升品牌价值。在国际市场上，企业需要与来自世界各地的竞争对手竞争。为了获得成功，企业需要不断提高产品的品质和服务的水平，满足不同消费者的需求。通过拓展国际市场，企业可以学习到更多先进的管理和经营理念，引进国际先进的技术和设备，从而提高自身的核心竞争力。这种竞争力的提升可以带来品牌价值的提升，使企业在消费者心中树立起更加良好的形象。

最后，拓展国际市场可以增加品牌的多元性和包容性。不同国家和地区的消费者有着不同的文化背景和消费习惯。通过拓展国际市场，企业可以深入了解不同市场的文化特点和消费习惯，从而制订更加精准的市场策略和产品定位。这种对多元文化的理解和包容可以使企业的品牌更加具有亲和力和吸引力，赢得更多消费者的喜爱和忠诚。

（三）促进企业技术创新

拓展国际市场对企业的技术创新和产品升级具有强大的推动作用。在全球市场竞争日趋激烈的背景下，企业必须不断进行技术创新和产品升级，以满足不同国家和地区的市场需求。通过拓展国际市场，企业可以接触到更广泛的消费者群体和更丰富的市场需求，从而激发技术创新和产品升级的动力。

首先，拓展国际市场可以让企业更加了解不同市场的需求和趋势。不同国家和地区的消费者有着不同的需求和偏好，这些差异为企业提供了广阔的创新空间。通过拓展国际市场，企业可以深入了解目标市场的消费者需求、消费习惯、市场趋势，从而挖掘潜在的创新点。这些市场反馈的信息为企业提供了宝贵的灵感来源，帮助企业进行有针对性的产品研发和技术创新。

其次，国际市场的竞争压力促使企业不断进行技术创新和产品升级。在国际市场上，企业需要面对来自世界各地的竞争对手，竞争压力巨大。为了在竞争中脱颖而出，企业必须不断提高自身的技术水平和创新能力。这促使企业加大研发投入，引进先进技术，加强与科研机构和高校的合作，积极探索新的技术和产品。通过拓展国际市场，企业能够获得更多的竞争机会和挑战，从而加速技术创新和产品升级的步伐。

最后，国际市场的多样性为企业提供了丰富的应用场景和试验平台。不同国家和地区的消费者有着不同的使用场景和环境条件，这些差异为企业提供了多样化的应用场景和试验平台。

通过拓展国际市场，企业可以将新产品和技术应用到不同的实际环境中，收集真实的市场反馈和性能数据。这些实践经验能够帮助企业发现潜在的问题和改进方向，进一步优化产品和技术，提高其适应性和竞争力。同时，国际市场上的合作与交流为企业提供了更多的资源和支持。拓展国际市场可以为企业带来与国际企业合作和交流的机会。通过与国际知名企业和研究机构的合作与交流，企业可以获得更多的技术转移、人才引进、资金支持等资源和机会。这种合作与交流可以帮助企业快速提升自身的技术水平和创新能力，加速产品研发和技术创新进程。

为了充分利用拓展国际市场带来的技术创新和产品升级机会，企业需要采取一系列策略和方法。首先，企业需要加强市场调研和趋势分析，及时了解不同市场的需求和趋势，为产品研发和技术创新提供指导。其次，企业需要加大研发投入，建立完善的技术创新体系，提高自身的技术水平和创新能力。再次，企业需要积极寻求与国际企业和研究机构的合作与交流，获取更多的资源和支持。最后，企业需要建立快速响应市场变化的机制，灵活调整产品和技术方向，以满足不断变化的市场需求。

二、合作网络的重要性

（一）资源共享

与国际企业建立合作网络是一种重要的战略手段，能够为企业带来丰富的资源，促进其可持续发展。在国际化的背景下，企业面临着激烈的竞争和不断变化的市场需求，而与国际企业建立合作网络可以帮助企业更好地应对这些挑战。

首先，与国际企业建立合作网络可以帮助企业获得技术支持。国际企业通常拥有先进的技术和研发能力，通过与这些企业建立合作关系，企业可以获得技术支持和帮助，提升自身的技术水平和创新能力。这不仅可以缩短研发周期，降低研发成本，而且可以提高产品质量和技术含量，增强市场竞争力。

其次，与国际企业建立合作网络可以为企业带来资金支持。国际企业通常拥有雄厚的资金实力和融资渠道，通过与这些企业建立合作关系，企业可以获得资金支持，缓解资金压力，实现快速发展。这种合作方式可以帮助企业加速扩张，提高生产规模和市场占有率。

再次，与国际企业建立合作网络可以为企业带来渠道支持。国际企业通常拥有广泛的销售渠道和营销网络，通过与这些企业建立合作关系，企业可以拓展销售渠道，提高市场覆盖率。这种合作方式可以帮助企业更好地进入国际市场，扩大市场份额，提高销售额。

最后，与国际企业建立合作网络可以为企业带来人才支持。国际企业通常拥有高素质的人才队伍和管理经验，通过与这些企业建立合作关系，企业可以引进优秀人才，提升自身的管理水平和人才素质。这有助于企业优化内部管理，提高运营效率，为未来的发展奠定坚实的基础。与国际企业建立合作网络的意义不仅在于资源的共享，而且在于双方的合作共赢。通过合作，企业可以相互学习、交流和借鉴经验，共同成长和进步。这种合作方式可以帮助企业在国际化进程中更好地适应市场变化和竞争态势，提高自身的竞争力和可持续发展能力。

为了在国际市场上成功建立合作网络，企业需要积极寻找合适的合作伙伴，了解对方的战略目标、优势资源和合作意向等信息。

（二）开拓市场

合作网络在开拓新市场中扮演着重要角色。企业通过与当地企业建立合作关系，可以更好地了解目标市场的需求和文化特点，这是开拓新市场的基础。在全球化的背景下，不同国家和地区的市场呈现出多样化的特点，企业要想在市场中获得成功，必须深入了解当地消费者的偏好、消费习惯与市场规则。首先，与当地企业合作，企业可以利用其丰富的市场经验和资源，快速获取这些关键信息，从而更好地把握市场机会。合作网络还能降低企业在开拓新市场过程中的风险和成本。新市场的开拓往往伴随着不确定性，市场情况的变化、消费者需求的波动与竞争态势的演变都可能给企业带来风险。其次，与当地企业合作，企业可以借助合作伙伴的经验和资源，共同应对这些风险。合作伙伴还可以提供本土化的建议和策略，帮助企业更好地适应市场变化，降低因不熟悉市场环境而产生的成本。更为重要的是，合作网络为企业提供了快速进入新市场的渠道和网络。合作伙伴通常拥有成熟的销售渠道和客户关系网络，通过合作，企业可以利用这些资源快速打开市场。这不仅可以缩短市场开拓的时间周期，提高市场进入的效率，而且可以帮助企业迅速扩大市场份额，提升品牌影响力。合作网络在开拓新市场中的作用不仅仅局限于市场进入方面。在进入新市场后，企业还需要不断地进行市场拓展和客户关系维护。最后，与当地企业合作，企业可以更好地了解当地市场的拓展策略和客户关系管理方式，从而制订更加精准的市场拓展计划和客户服务方案。这有助于企业在市场中树立良好的品牌形象，增强消费者的忠诚度，进一步巩固市场份额。

为了充分利用合作网络在开拓新市场中的优势，企业需要采取一系列策略和方法。首先，企业需要寻找具有良好市场基础和丰富资源的当地合作伙伴。合作伙伴的选择直接影响到合作的效果和市场开拓的成功与否，因此，企业需要认真评估合作伙伴的实力和信誉。其次，企业需要与合作伙伴建立互信和共赢的关系。双方需要在合作中明确各自的角色和责任，共同制订市场开拓计划和策略，确保合作的顺利进行。再次，企业需要加强与合作伙伴的沟通和协调，及时解决合作中出现的问题和矛盾。最后，企业需要根据市场变化和合作效果不断调整合作策略和方案，以实现最佳的市场开拓效果。

（三）技术创新

与国际企业合作对于促进技术创新和产业升级具有深远的影响。在全球经济一体化的背景下，与国际企业合作成为企业获取外部资源、提升自身竞争力的重要途径。通过与先进企业的合作，企业可以引进先进的技术和管理经验，推动自身的技术进步和产业升级。这种合作有助于企业紧跟行业发展趋势，抓住发展机遇，为未来的持续发展奠定坚实的基础。首先，与国际企业合作可以帮助企业引进先进技术。国际企业通常在技术研发和创新方面具有领先优势，通过与这些企业合作，企业可以获得先进技术的转让和使用权。这不仅可以迅速提升企业的技术水平，缩短研发周期，降低技术研发成本，而且可以帮助企业紧跟行业技术发展趋势，保持技术领先地位。其次，与国际企业合作可以促进企业的产业升级。国际企业通常具有先进的生产和管理经验，通过合作，企业可以引进这些经验，优化自身的生产流程和管理模式。这有助于提高企业的生产效率、降低生产成本、提升产品质量，从而实现产业升级和转型。最后，与国际企业合作有助于企业抓住发展机遇。通过与国际企业的合作，企业可以获得更多的市场信息和商业机会。国际企业通常拥有广泛的客户网络和渠道资源，通过合作，企业可以拓展自身的销售渠道和市场覆盖范围，抓住市场机遇，实现快速发展。

为了实现与国际企业合作的最佳效果，企业需要采取一系列策略和方法。首先，企业需要选择合适的合作伙伴，了解对方的实力和优势，确保合作的可行性和长期稳定性。其次，企业需要与合作伙伴建立互信和共赢的关系，明确双方的权利和义务，制定合理的合作协议和条款。最后，企业需要注重自身能力的提升，以便更好地吸收和利用合作伙伴的资源和技术。

三、拓展国际市场与合作网络的策略

（一）市场调研与分析

在拓展国际市场之前，进行充分的市场调研和分析是至关重要的。这不仅有助于企业了解目标市场的需求和竞争状况，而且可以帮助企业识别潜在的商业机会和风险。通过深入的市场研究，企业可以制订更加精准和有效的市场拓展策略，为成功进入国际市场奠定坚实的基础。

首先，进行市场调研可以帮助企业了解目标市场的需求。通过分析消费者的购买行为、爱好、需求特点，企业可以开发出更符合市场需求的产品和服务。此外，对目标市场的消费者群体进行细分，有助于企业定位自己的目标客户，制订更有针对性的市场策略。

其次，市场调研有助于企业了解竞争状况。通过分析竞争对手的产品、价格、销售渠道、市场占有率等信息，企业可以评估自身的竞争地位，发现自身的优势和不足。此外，对竞争对手的战略、业务模式等进行深入研究，有助于企业发现潜在的竞争优势和机会。同时，了解目标市场的法律法规对于企业在国际市场中的运营至关重要。不同的国家和地区可能有不同的法律法规和监管要求，企业需要了解和遵守当地的法律法规，以避免不必要的法律风险。

再次，对当地税收、贸易政策等进行研究，有助于企业制订合理的价格策略和销售策略。除了对目标市场进行调研和分析外，对自身企业和产品进行SWOT分析也是必要的。SWOT分析可以帮助企业明确自身的优势和不足以及面临的机会和威胁。通过分析企业的资源、能力、品牌形象、客户关系等内部因素以及外部环境中的机会和威胁，企业可以制订更加明智的国际市场拓展策略。在SWOT分析中，明确企业的优势可以帮助企业在国际市场中建立差异化竞争优势。这些优势可能包括独特的产品特性、先进的技术、优质的服务等。企业可以利用这些优势来吸引目标客户，提高市场占有率。

最后，企业需要识别自身的不足和局限性。这可能包括缺乏国际市场经验、品牌知名度不高、销售渠道有限等。对于这些不足，企业可以采取相应的措施进行改进和提升，如加大研发投入、提升品牌形象、拓展销售渠道等。在国际市场中，机会和风险并存。机会可能包括新兴市场的快速发展、技术创新等；风险可能包括激烈的竞争、贸易壁垒等。通过SWOT分析，企业可以更加敏锐地发现和抓住商业机会，同时采取措施应对潜在的威胁。

（二）产品定位与创新

在拓展国际市场的过程中，对产品进行精准定位和创新是重要的策略之一。针对国际市场的需求，企业需要对产品进行深入的市场研究和差异化开发，以满足不同国家和地区消费者的需求特点。通过精准的产品定位和创新，企业可以提高产品的国际竞争力，并避免与竞争对手的同质化竞争。企业需要对目标市场的消费者群体进行深入分析，了解他们的需求和爱好。不同国家和地区的消费者需求可能存在差异，因此，企业需要深入研究当地市场的消费者行为和购买决策过程。通过分析消费者的需求和爱好，企业可以更好地了解他们的期望，从而开发出更符合市场需求的产品。在了解消费者需求的基础上，企业需要对产品进行精准定位。精准的产品定位可以帮助企业在国际市场中建立差异化竞争优势，吸引目标客户并提高市场占有率。企业可以根据自身的核心能力和资源优势，选择适合自身的产品定位策略，如高品质、高性价比、创新性等。通过精准的产品定位，企业可以更好地满足消费者的需求，并与竞争对手区分开来。除了精准定位之外，企业还需要注重产品创新。在国际市场中，产品创新是企业保持竞争力的关键因素之一。企业需要不断研发和改进产品，以满足消费者不断变化的需求和提高产品的性能。通过技术创新、设计创新、功能创新等方式，企业可以创造独特的竞争优势，并获得消费者的认可和信任。在产品创新的过程中，企业需要注重差异化。避免与竞争对手的同质化竞争对于企业在国际市场中取得成功至关重要。企业可以通过创新的产品设计、独特的功能特点、优质的服务等方式实现差异化。通过差异化竞争，企业可以更好地满足消费者的个性化需求，并建立独特的品牌形象和市场地位。

（三）建立多元化的销售渠道

在国际市场中，建立多元化的销售渠道是实现市场拓展和企业增长的关键策略之一。随着电子商务和数字技术的快速发展，新兴的销售渠道（电商平台、社交媒体等）为企业提供了更多的机会和可能性。企业需要灵活运用这些新兴渠道，结合传统销售渠道，更好地开拓国际市场。

电商平台是国际市场中一种重要的销售渠道。利用电商平台的全球配送网络，企业可以方便地将产品送达全球各地的消费者手中。同时，企业需要注重电商平台的运营管理，包括产品详情页的制作、营销活动的策划、客户服务的提供等，以提高客户的满意度和忠诚度。

社交媒体在国际市场中具有广泛的影响力和用户基础，为企业提供了开拓市场的宝贵机会。通过在社交媒体平台上建立官方账号、发布产品信息和互动营销内容，企业可以吸引目标客户，提高品牌的知名度和美誉度。同时，社交媒体平台上的用户数据和营销分析工具可以帮助企业更好地了解消费者的需求和行为特点，为精准营销提供支持。

除了电商平台和社交媒体等新兴渠道外，企业还需要根据不同国家和地区的消费习惯和文化差异制订相应的销售策略和推广方式。例如，针对欧洲市场的消费者，企业可以加强与当地的分销商合作，利用分销网络覆盖更广泛的消费者群体；针对亚洲市场的消费者，企业可以加强与当地的零售商合作，利用零售店铺的优势提高产品的可见度和可获得性。同时，企业需要注重销售渠道的多元化和互补性。结合线上和线下的销售渠道，利用传统零售和现代电商的优势，实现销售渠道的全面覆盖。通过多元化的销售渠道，企业可以更好地满足不同国家和地区消费者的需求，提高市场占有率和竞争力。

（四）寻求与国际企业的合作

积极寻求与国际企业的合作是拓展国际市场的重要途径，不仅可以加速企业融入当地市场的进程，而且可以为企业带来丰富的资源和支持，提升品牌影响力。与国际企业合作的方式多种多样，包括但不限于战略联盟、合资企业、授权代理等。

首先，战略联盟是一种常见的合作方式，企业可以通过与国际企业建立战略联盟，共同开拓市场、共享资源、共同研发新产品或新技术。这种合作方式的优势在于可以快速扩大企业的业务范围，降低市场开拓的风险和成本，同时获得合作伙伴的资源和支持。

其次，合资企业是一种更为深入的合作方式，企业可以与国际企业共同出资、共同经营、共担风险和共享收益。通过合资企业，企业可以获得合作伙伴的资本、技术、市场渠道等资源，更好地融入当地市场。

合资企业可以促进企业与合作伙伴之间的文化交流和学习，提升企业的国际化水平和竞争力。在合资企业经营过程中，企业需要注重合作双方的沟通和协调，确保合资企业的顺利运营和发展。

最后，授权代理是一种相对松散的合作方式，企业可以通过授权代理的方式将产品或服务授权给当地的代理商进行销售或推广，降低企业在当地市场的营销成本和市场风险，同时获得一定的收益。在选择代理商时，企业需要考虑代理商的实力、信誉和市场影响力等因素，以确保合作的顺利进行。

（五）参加国际展览和商务活动

参加国际展览和商务活动是企业拓展国际市场与合作网络的重要途径。这些活动为企业提供了一个展示自身产品和服务、与潜在合作伙伴和客户建立联系的平台。通过参加展览和商务活动，企业可以了解行业的最新动态和市场趋势，获取宝贵的信息资源，从而更好地制订市场拓展策略。

首先，参加国际展览和商务活动有助于企业与潜在的合作伙伴和客户建立联系。在这些活动中，企业可以展示自己的产品和服务，向潜在客户展示自身的实力和优势。通过与潜在客户的直接接触，企业可以更好地了解他们的需求和期望，从而提供更好的产品和服务。此外，企业还可以与竞争对手面对面交流，了解行业的最新技术和市场趋势，提高自身的竞争力。

其次，参加国际展览和商务活动有助于企业了解行业动态和市场信息。在这些活动中，企业可以获取行业的最新技术、市场趋势和竞争对手的动态等信息。这些信息对于企业制订市场策略、产品研发和创新方向等方面具有重要意义。此外，展览和商务活动还为企业提供了一个与业界同行交流和学习的机会，有助于企业提高自身的专业水平和竞争力。通过展示自己的产品和服务，企业可以吸引更多客户的关注和认可，提高品牌知名度。

最后，参加国际展览和商务活动可以帮助企业树立专业、可靠的形象，增强客户对企业的信任感和忠诚度。这对于企业在国际市场中的长期发展具有重要意义。

（六）强化跨文化沟通能力

在国际市场中，跨文化沟通能力对于企业的成功至关重要。由于不同国家和地区有着各自独特的文化背景、语言习惯和礼仪习俗，企业需要深入了解这些差异并在沟通中妥善应对，以避免误解和冲突，并建立稳固的关系。文化差异是国际市场中不可忽视的因素。不同的国家和地区有着不同的价值观、习俗和行为规范，这些都会影响人们的思考方式和行为。企业需要了解并尊重当地文化的特点，以获得当地客户的认可和信任。在产品推广、商务谈判、客户服务等环节中，企业需要灵活运用跨文化沟通技巧，以适应不同文化背景的需求。语言是国际市场中另一个重要的沟通工具。企业需要掌握目标市场的语言，包括口头语言和书面语言，以确保信息的准确传递。同时，了解当地的语言习惯和表达方式也是非常重要的。在语言表达上，企业需要注重用词准确、语法规范，并尊重当地的口语习惯。此外，翻译的准确性和文化敏感性也是跨文化沟通中的关键因素。礼仪习俗是国际市场中不可忽视的一部分。在不同的国家和地区，商务礼仪、餐桌礼仪、送礼习俗等方面都有所不同。企业需要了解并遵守当地的礼仪习俗，以展现出专业、尊重和友好的形象。在商务谈判、会议、宴请等场合中，正确的礼仪和习俗能够促进沟通的顺利进行，增强企业的专业形象和信誉。除了了解文化、语言和礼仪等方面的差异之外，企业还需要培养一支具有国际化视野和跨文化沟通能力的团队。这支团队应该具备多元化的背景和经验，能够适应不同国家和地区的文化环境。通过培训和实践，团队成员应提高自身的跨文化沟通能力，包括语言能力、文化敏感性和沟通技巧等。同时，企业还应鼓励团队成员积极参与国际交流活动，以增强对不同文化的理解和适应能力。

（七）持续关注国际贸易政策与环境

国际贸易政策和环境的变化对企业拓展国际市场具有深远的影响。随着全球政治、经济格局的不断演变，国际贸易政策和环境也在持续调整，这为企业带来了诸多不确定性和挑战。因此，企业需要具备敏锐的洞察力，密切关注国际贸易政策和环境的变化趋势，以便及时调整市场策略和产品定位。

国际贸易政策的变化直接影响企业的出口和国际市场份额。例如，关税的提高或进口限制的加强可能导致企业产品在国际市场上价格上涨，竞争力下降；反之，自由贸易协定的签署或关税削减可能为企业带来更广阔的市场和更多的机会。因此，企业需要持续关注贸易政策的变化，尤其是与目标市场相关的政策调整，以便灵活应对。

环境的变化也是企业拓展国际市场时必须考虑的重要因素，包括政治稳定性、经济状况、社会文化背景等。例如，政治动荡可能导致目标市场的需求下降，经济衰退则可能降低消费者的购买力。企业需要对这些环境因素进行深入分析，制订相应的市场策略。为了更好地应对国际贸易政策和环境的变化，企业需要加强与政府、行业协会等相关机构的沟通与合作。与政府保持良好的关系可以帮助企业及时获取政策信息，了解政策走向，从而提前做好应对准备。与行业协会合作则可以获得更广泛的市场信息和行业动态，同时借助协会的力量与政府进行沟通，共同应对国际贸易风险和挑战。例如，针对关税的提高，企业可以考虑调整产品价格或寻找新的原材料来源以降低成本；针对政治稳定性下降的目标市场，企业需要重新评估市场风险，调整市场策略或寻找替代市场。

第四节　关注政策变化与行业趋势

一、关注政策变化与行业趋势的意义

（一）把握市场机遇

政策变化与行业趋势是市场发展的重要推动力量，它们往往预示着市场的未来方向和需求。通过对政策变化与行业趋势的关注，企业可以提前洞察市场机遇，从而抢占先机，赢得更多的市场份额。

政策变化对市场的影响是显而易见的。政府政策的出台和调整往往会对行业和市场产生深远的影响。通过关注这些政策变化，企业可以及时了解政府对可再生能源的支持力度、税收优惠、补贴政策等信息，从而抓住机遇进入相关市场。在可再生能源领域，企业可以投资研发新技术、扩大产能、提高产品性能，以满足市场需求。此外，企业还可以与政府机构、科研机构等进行合作，共同推动可再生能源技术的发展，争取更多的政策支持和市场机会。除了政策变化之外，行业趋势也是企业必须关注的重要因素之一。行业趋势反映了市场需求的演变和行业内技术的发展方向。通过关注行业趋势，企业可以及时了解市场需求的变化、消费者偏好的转移、竞争态势的演变。例如，随着互联网技术的普及和消费者对便捷性需求的增加，电子商务行业呈现出蓬勃发展的趋势。企业可以借助电子商务平台拓展线上销售渠道、提升品牌影响力、降低营销成本。同时，企业还可以通过数据分析了解消费者的购物习惯、需求偏好、市场趋势，从而制订更加精准的市场策略。

在关注政策变化与行业趋势的过程中，企业需要采取多种方法来获取信息和洞察市场机遇。首先，企业可以通过专业的情报分析团队或咨询机构获取有关政策变化和行业趋势的情报信息。这些团队或机构通常拥有丰富的经验和专业知识，能够为企业提供准确的市场分析和预测。其次，企业可以积极参与行业会议、展览等活动，与业内人士交流互动，了解最新的技术动态和市场趋势。最后，企业可以通过市场调研、用户反馈等方式了解消费者的需求和偏好，从而更好地把握市场机遇。需要注意的是，关注政策变化与行业趋势并不是一劳永逸的过程。市场是不断变化的，政策也会随着时间的推移进行调整和改变。因此，企业需要持续关注政策变化和行业趋势的发展动态，及时调整自身的战略和业务方向。同时，企业还需要具备创新意识和风险意识，勇于尝试新的业务模式和市场策略，才能在不断变化的市场环境中立于不败之地。

（二）应对挑战

在复杂多变的市场环境中，政策变化与行业趋势不仅为企业带来了前所未有的机遇，而且带来了不容忽视的挑战。对于企业而言，如何有效应对这些挑战，降低潜在风险，是确保稳定发展和持续盈利的关键。政策变化往往社会对企业的经营产生直接或间接的影响。当政府调整产业政策、税收政策或环保政策时，企业的成本、市场定位、战略规划等方面都可能面临重大调整。例如，政府提高环保标准可能导致企业不得不增加环保投入，从而提高了生产成本；税收政策的调整则可能影响企业的盈利水平。关注政策变化能使企业提前了解政策走向，从而制订相应的应对策略，降低潜在风险。

行业趋势的变化同样给企业带来了挑战。随着科技的发展和消费者需求的不断变化，传统行业可能会面临颠覆性的变革。例如，随着数字化和智能化技术的广泛应用，许多传统制造业企业面临被淘汰的风险；新兴的共享经济、人工智能等领域则为企业提供了新的发展机遇。及时关注行业趋势能使企业紧跟时代步伐，调整发展策略，避免被市场淘汰。

在应对挑战时，企业需要采取积极主动的态度。首先，应加强与政府、行业协会及研究机构的沟通合作，及时获取政策变化与行业趋势的最新信息。其次，通过市场调研、数据分析等方式深入了解市场需求和竞争态势，以便制订更加精准的市场策略。再次，企业应加强自身能力的建设，提高技术创新能力、品牌影响力及市场竞争力，以应对日益激烈的市场竞争。最后，风险管理是应对挑战的重要环节。企业应建立健全的风险管理体系，制订针对性的应急预案，以便在面临突发情况时能够迅速做出反应。同时，应加强内部管理，增强员工的风险意识和应对能力，确保企业能够从容应对各种挑战。

（三）提升竞争力

1. 政策变化与市场需求

政策的变化往往反映了政府对市场、行业或特定领域的导向和规制。对于企业而言，政府的政策既是一种约束，也是一种指导。通过关注政策的变化，企业可以更准确地把握市场未来的需求方向。例如，随着环保政策的日益严格，企业可以预见到环保型产品或服务的需求将逐渐增加。在此背景下，企业可以通过调整产品定位、加大环保技术研发、推出符合市场需求的新品等方式，提前布局，抢占市场份额。

2. 行业趋势与技术创新

行业趋势反映了整个行业的未来发展方向和变革动力。通过关注行业趋势，企业可以了解最新的技术动态、市场前沿信息与竞争对手的动向。这对于企业的技术创新和产品升级至关重要。例如，随着物联网、大数据和人工智能等技术的快速发展，许多传统行业正在经历深刻的数字化转型。企业通过关注这些技术趋势，积极探索与新技术融合的路径，不仅可以提高自身的生产效率，降低成本，而且可以开发出更具竞争力的新产品。

3. 提升企业竞争力

在了解了市场需求和技术创新的方向后，企业可以通过一系列策略和措施来提升自身的竞争力。

首先，改进工艺和流程是关键。关注政策变化与行业趋势可以让企业发现现有工艺或流程中存在的问题和瓶颈，进而采取针对性措施进行改进。这不仅可以提高生产效率，而且可以有效降低成本。

其次，企业可以通过市场细分来更好地满足特定群体的需求。通过深入分析政策变化与行业趋势，企业可以更准确地识别出市场的空白点或潜在需求，进而开发出具有差异化竞争优势的产品或服务。

最后，持续的技术创新也是提升竞争力的关键因素。关注行业趋势可以促使企业不断地跟踪新技术、尝试新方法，从而实现持续的产品迭代和创新突破。这不仅有助于企业在市场上保持领先地位，而且能为企业带来更多的商业机会和合作伙伴。

4. 降低潜在风险

关注政策变化与行业趋势有助于企业降低潜在风险。随着政策环境的变化和行业的发展，企业可能会面临各种不确定性和挑战。通过提前了解政策动向和行业趋势，企业可以提前预警、制订应对策略，从而减少因突发情况导致的损失。此外，持续的政策跟踪和行业观察还能帮助企业及时调整战略方向、优化资源配置，确保企业在复杂多变的市场环境中保持稳健发展。

（四）可持续发展

1. 政策变化与环保要求

随着全球环境问题的日益严重，各国政府纷纷出台更加严格的环保政策，以限制企业对环境的负面影响。企业关注政策变化，特别是与环保相关的政策，能够确保其生产经营活动与政府的环保要求保持一致，降低因违规行为带来的法律风险和声誉损失。同时，关注环保政策也有助于企业了解政府在环保领域的支持和鼓励方向，从而获取更多的政策红利和商业机会。

2. 行业趋势与绿色发展

随着消费者对环保和绿色产品的关注度不断提高，绿色消费已成为一种全球性的趋势。企业关注行业趋势，特别是与绿色发展相关的趋势，能够及时掌握市场需求的变化，调整产品研发和市场营销策略，推出符合消费者需求的绿色产品。这不仅有助于企业赢得市场份额，而且能够提升企业的社会形象和品牌价值。

3. 社会责任与可持续发展

随着社会对企业社会责任的要求越来越高，企业需要积极履行其在经济、环境和社会方面的责任，以获得社会的认可和信任。关注政策变化与行业趋势有助于企业了解社会责任的最新要求和发展方向，从而制订科学、合理的企业社会责任战略，实现可持续发展。

4. 长期商业成功与社会认可

关注政策变化与行业趋势不仅有助于企业实现可持续发展，而且有助于企业实现长期的商业成功和社会认可。一方面，企业通过与政策要求和行业趋势保持一致，能够赢得政府的支持和消费者的信任，从而在市场竞争中占据优势地位；另一方面，企业通过履行社会责任和推广绿色发展理念，能够提升自身的品牌价值和影响力，吸引更多的合作伙伴和投资者。

二、关注政策变化与行业趋势的方法

（一）建立监测体系

在当今复杂多变的市场环境中，企业要想实现可持续发展并保持竞争优势，建立一套完善的监测体系是至关重要的。这一体系的主要任务是定期收集和分析政策变化与行业趋势的相关信息，以便企业能够及时了解外部环境的动态，做出明智的决策。监测体系应具备系统性和完整性。这意味着企业需要从多个渠道获取信息，包括政府部门、行业协会、专业机构、市场研究公司等。通过综合分析这些来源的数据和报告，企业可以更全面地了解政策变化与行业趋势的整体情况。同时，企业还需要建立专业的情报分析团队。这支团队应具备高度的专业知识和丰富的经验，能够准确解读政策文件、市场报告和行业数据，并从中提炼出对企业有价值的信息。情报分析团队的核心任务是评估政策变化与行业趋势对企业的影响，包括潜在的机遇和风险。通过对这些影响进行深入分析，情报分析团队可以为企业决策者提供有价值的参考意见和战略建议。

除了专业的情报分析团队之外，监测体系还应包括一套完整的工作流程和规范。从数据收集、整理、分析到报告生成，每个环节都需要有明确的标准和要求，确保监测结果的准确性和可靠性，并提高整个体系的运行效率。此外，监测体系应具备高度的敏感性和灵活性。政策变化与行业趋势往往具有突变性和不确定性，要求企业能够快速反应。因此，监测体系应具备及时捕捉信息变化的能力，以便企业在市场发生变化时能够迅速应对。这需要企业在技术、人员和流程方面保持足够的灵活性和适应性。

企业应将监测体系与自身的战略规划和发展目标紧密结合。通过定期评估政策变化与行业趋势对企业的影响，企业可以调整战略方向、优化资源配置，确保自身的战略发展与市场环境的变化保持一致。同时，监测体系也有助于企业发现潜在的市场机会和竞争威胁，从而制订更加精准的市场策略和竞争策略。

（二）深入研究与分析

关注政策变化与行业趋势对于企业的发展至关重要，而这需要深入研究和分析。企业不能仅仅停留在表面的信息获取，而是应该深入地探索和理解。

首先，企业应持续关注国内外政策动态。政策是市场的重要导向，对于行业的走势和企业的决策都有直接的影响。企业应定期跟踪国内外政策变化，尤其是与自身业务相关的政策。这包括国家层面的经济政策、行业政策、地方政策等。通过深入分析这些政策，企业可以更好地了解政策背后的意图和目标，从而预判其对自身业务的影响。

其次，企业应大量阅读和研读行业报告。行业报告是专业机构或市场研究公司对特定行业的全面分析和总结，包含行业现状、发展趋势、竞争格局等信息。通过阅读这些报告，企业可以快速了解行业的发展趋势和竞争态势，为自身的战略决策提供依据。此外，企业还应充分利用专业机构的研究成果。这些研究成果通常是基于大量数据和深入分析得出的，具有很高的参考价值。企业可以通过与专业机构合作、购买研究报告等方式获取这些信息，以帮助自身更好地把握市场和行业的发展方向。

最后，企业应进行市场调研。市场调研可以帮助企业了解客户需求、竞争态势和潜在的市场机遇。通过与潜在客户沟通、收集市场反馈等方式，企业可以更好地理解客户的需求和期望，从而制订更符合市场需求的策略和产品。同时，通过了解竞争对手的动态和市场空白点，企业可以发现潜在的市场机遇，从而抢占先机。为了更深入地研究和分析政策变化与行业趋势，企业还可以组建专门的研究团队或聘请外部专家进行指导，帮助企业系统地收集和分析信息、解读政策和行业动态、预测市场发展趋势等。通过专业的研究和分析，企业可以更好地把握市场和行业的发展方向，为自身的决策提供有力支持。

（三）建立信息交流平台

为了更好地应对外部环境的变化，企业可以建立一套高效的信息交流平台，促进内部各部门之间的沟通与合作。通过这一平台，企业不仅可以及时获取关于政策变化与行业趋势的信息，共同讨论应对策略，而且可以提高决策效率，促进内部的知识分享和学习，提升团队的综合素质。

首先，信息交流平台应具备高度的集成性和开放性。这意味着平台应能够整合来自不同部门、不同渠道的信息，形成一个统一的信息资源库。同时，平台还允许各部门之间进行实时互动和信息共享，打破信息孤岛，提高信息的流动性和利用率。通过这种方式，企业可以确保信息的准确性和及时性，为决策提供有力支持。

其次，信息交流平台应具备强大的分析功能。除了简单地传递信息之外，平台还能对收集到的数据进行深入分析，帮助企业更好地理解政策变化与行业趋势的影响。通过数据挖掘、可视化分析和预测模型等技术手段，平台可以为各部门提供有价值的洞察和见解，帮助企业做出更加科学、合理的决策。

再次，信息交流平台应关注内部的知识分享和学习。通过鼓励员工在平台上分享经验、交流想法，企业可以促进知识的传播和积累，提高团队的综合素质。这不仅可以增强员工的归属感和凝聚力，而且可以为企业培养更多具有创新精神和专业技能的人才。此外，为了确保信息交流平台的高效运行，企业需要建立一套完善的管理机制。这包括明确各部门的职责和权限、制定信息发布和更新规则、建立反馈和评价机制等。通过规范管理，企业可以确保平台的有序运行，提高信息交流的效率和效果。

最后，企业应将信息交流平台与自身的文化和价值观相结合。通过在平台上宣传企业的使命、愿景和价值观，企业可以增强员工的认同感和归属感，促进企业内部的文化建设，培养员工的团队精神和服务意识，提高企业的整体竞争力。

（四）与政府和行业协会保持沟通

与政府和行业协会保持密切的沟通关系，对于企业关注政策变化与行业趋势至关重要。在当今复杂多变的市场环境中，企业需要与政府和行业协会建立紧密的合作关系，以更好地应对外部环境的变化和抓住发展机遇。

首先，与政府保持密切的沟通关系可以帮助企业及时了解政策制定的背景和意图。政府在制定政策时通常会与企业进行沟通，以了解行业的实际情况和发展需求。通过与政府建立良好的沟通渠道，企业可以获得第一手信息，了解政策制定的初衷和目标。这有助于企业提前做好准备，调整自身的战略和业务模式，以适应政策的变化。此外，与政府保持密切的沟通关系有助于企业争取有利条件和资源支持。政府为了推动行业的发展和鼓励企业创新，往往会提供一系列政策支持和资源倾斜。通过与政府建立良好的沟通关系，企业可以及时了解政府的政策和支持措施，并积极争取相关资源和支持。这不仅可以降低企业的经营成本，提高其竞争力，而且有助于企业更好地把握市场机遇和发展方向。

其次，与行业协会保持密切的沟通关系可以帮助企业获得更全面的行业信息和支持。行业协会是行业的代表和利益共同体，通常会收集和分析行业数据、研究市场趋势、推动行业交流与合作等方面的信息和支持。通过与行业协会建立紧密的合作关系，企业可以获得更全面的行业信息和市场趋势预测，了解行业的最新动态和发展方向。此外，行业协会还会经常组织各类交流和合作活动，如论坛、展览、培训等，为企业提供了一个展示自身实力、交流学习、拓展业务合作的平台。参与这些活动不仅可以提升企业的知名度和影响力，而且有助于企业拓展业务渠道、获取更多商业机会。

最后，与行业协会合作还有助于企业共同应对市场挑战和问题。与行业协会合作还可以帮助企业集结行业的力量，共同应对这些挑战和问题。行业协会通常会组织企业和专家共同研究和解决问题，提供技术咨询和解决方案等方面的支持。通过与行业协会合作，企业可以获得更多的资源和支持，共同应对市场挑战和问题。

（五）培养国际化视野和敏锐洞察力

在全球化日益加深的今天，政策变化与行业趋势早已不再是单一地区或国家的现象。企业若想在竞争激烈的市场中立足，必须具备国际化的视野和敏锐的洞察力。这意味着企业不仅要关注本国政策与行业动态，而且要对国际市场和全球行业趋势保持高度的敏感性。为了达到这一目标，企业需要鼓励员工参与国际交流与合作。通过与国外企业和机构进行深入的交流，员工可以了解不同国家和地区的政策和行业发展趋势。这种直接的沟通与互动可以帮助企业更好地理解国际市场的需求和变化，为未来的战略制订提供重要依据。为了确保交流的有效性，企业需要提升员工的跨文化沟通能力。语言是沟通的基础，但仅仅掌握语言是不够的。企业还需要培养员工对不同文化的尊重和理解，使其能够在跨文化交流中自如应对各种挑战。这样，企业在国际合作中就能够避免因文化差异而产生的误解和冲突，更好地与合作伙伴建立互信关系。

除了国际交流与合作之外，企业还需要培养一支具备专业知识和丰富经验的信息分析研究人才队伍。这支队伍需要具备对政策变化与行业趋势的深入分析能力，能够从海量的信息中提炼出对企业有价值的信息。通过定期的培训和知识更新，这支队伍可以始终保持对市场变化的敏感性，为企业提供及时、准确的决策支持。同时，企业还需要建立一套完善的情报收集和分析系统。这个系统需要整合来自全球的各类信息，包括政策法规、行业报告、市场数据等。通过先进的数据分析工具和技术，企业可以实时跟踪全球政策和行业动态，为决策提供有力支持。另外，国际化视野不仅意味着关注外部市场，而且包括内部管理的国际化。企业需要借鉴国际先进的管理理念和方法，结合自身实际情况进行创新和应用。通过提升内部管理水平，企业可以提高整体运营效率，更好地应对外部市场的挑战。

（六）风险管理与预案

企业需要建立完善的风险管理体系，以确保其在面临政策变化和行业趋势的挑战时能够迅速做出反应，降低潜在风险。

首先，企业需要明确风险管理的重要性。政策变化和行业趋势的发展往往具有不确定性和突变性，企业需要对市场环境进行持续监测，并提前做好风险预警和防范措施。通过建立完善的风险管理体系，企业可以提高自身的适应能力和抗风险能力，为可持续发展提供保障。

其次，企业需要识别和分析政策变化和行业趋势带来的潜在风险。

这包括对政策调整可能带来的市场变化、技术更新可能引发的竞争格局变动、市场需求变化对业务的影响等进行深入研究和评估。通过识别和分析潜在风险，企业可以制订针对性的应急预案，为应对突发情况做好准备。在制订应急预案时，企业需要考虑不同的情况和场景，有针对性地制订具体的应对措施和方案。例如，如果政策调整导致某一业务领域受到限制或禁止，企业需要准备调整业务结构、转型或寻找替代市场的方案；如果行业趋势表明某一技术领域将逐渐被淘汰，企业需要加大技术研发和创新投入，以适应新的市场需求和技术发展。除了应急预案的制订之外，企业还需要建立快速响应机制。这包括建立高效的信息传递渠道、明确各部门职责和协调机制、加强与政府和行业协会的沟通合作等。通过快速响应机制，企业可以在面临突发情况时迅速做出反应，采取有效措施应对风险，降低潜在损失。

再次，企业需要定期评估和更新风险管理体系。随着市场环境的变化和技术的进步，政策变化和行业趋势的发展也会不断演变。因此，企业需要不断学习和吸收新的风险管理知识和经验，提高自身的风险管理水平。

最后，企业领导层的支持和参与是风险管理体系建设的关键。领导层需要充分认识到风险管理的重要性，并在日常管理中注重风险防范和控制。通过领导层的支持和参与，企业可以营造良好的风险管理氛围，增强员工的风险意识和应对能力。

（七）持续检测与调整

随着政策变化和行业趋势的发展，企业需要持续对其进行监测，并根据实际情况调整应对策略。这不仅是为了应对市场挑战，而且是为了抓住市场机遇，保持企业的竞争力和可持续发展。因此，建立一个高效的监测体系至关重要。

首先，监测体系需要具备高度的敏感性和灵活性，以便快速捕捉政策变化和行业趋势的动态。这要求企业采取积极主动的态度，定期收集和分析相关政策法规、行业报告、市场调研数据等信息。通过监测这些信息，企业可以及时了解市场的发展趋势、竞争态势以及潜在的机遇和挑战。

其次，高效的监测体系需要有一支专业的情报分析团队。这支团队具备深厚的行业知识和丰富的经验,能够准确把握政策变化和行业趋势对企业的影响。团队成员需要定期开会,讨论、分析收集的信息,提出应对策略和建议。通过专业的分析和判断,企业可以更好地了解市场动态,为决策提供有力支持。

为了确保监测体系的效率和准确性,企业还需要建立一套完善的信息收集和整理制度。各部门应明确分工,确保信息的及时性和完整性。同时,企业可以借助现代信息技术手段,如大数据分析、人工智能等,提高信息处理的效率和准确性。通过这些技术手段,企业可以快速筛选出有价值的信息,为决策提供更加精准的依据。除了专业团队和信息技术手段的支持外,监测体系还需要与企业的业务发展紧密结合。这意味着监测体系不能仅仅是一个信息收集工具,而应该成为企业决策的重要依据。因此,企业需要在组织架构上明确监测体系的重要地位,将其纳入企业的战略规划和日常管理中。只有这样,监测体系才能真正发挥其应有的作用,帮助企业在国际市场竞争中立于不败之地。此外,监测体系也需要不断优化和改进。随着市场环境的变化和技术的进步,监测体系也需要不断更新和完善。企业应定期评估监测体系的运行情况,发现存在的问题和不足之处,并采取措施加以改进。同时,企业还应该不断学习和吸收新的知识和经验,不断提高监测体系的水平和效果。

第七章　新兴市场企业竞争优势的可持续性

第一节　竞争优势的动态演化

一、技术创新的持续推进

技术无疑是推动企业竞争优势演化的核心力量。在科技飞速发展的时代背景下，技术创新已经成为企业持续发展的关键驱动力。随着技术的不断革新和进步，企业必须持续进行技术创新，以满足客户需求并保持市场领先地位。

首先，技术创新有助于企业提高生产效率。通过引入先进的生产技术和工艺，企业可以大幅提高生产过程的自动化和智能化水平，降低生产成本，提升生产效率。这不仅可以增加企业的盈利能力，而且可以为其在市场竞争中提供价格优势。

其次，技术创新有助于企业提供更优质的产品质量。客户对产品的品质和性能要求日益提高，企业必须通过技术创新不断优化产品设计和制造过程，确保产品的高品质和可靠性。这有助于企业树立良好的品牌形象，赢得客户的信任和忠诚度。

最后，技术创新还能增强企业的竞争优势。随着技术的不断发展，企业可以借助新技术、新产品来拓展新的市场领域或巩固现有市场地位。通过创新的技术解决方案，企业可以满足客户的独特需求或解决行业痛点，从而获得竞争优势。同时，企业要关注技术趋势和行业标准的发展。技术趋势是未来行业发展的重要方向，企业需要密切关注并预测这些趋势，以便提前布局和投入研发。此外，行业标准的制定和更新对于企业的技术创新战略至关重要。企业应积极参与行业标准的制定和修订，以便及时调整自身的技术创新战略，保持与行业标准同步。

二、价值链的优化和升级

价值链理论是现代企业管理中的重要概念，它描述了企业创造价值的整个过程，涵盖从原材料采购、生产、销售到售后服务等各个环节。企业若要在激烈的市场竞争中立足，必须不断优化自身的价值链，提高各个环节的效率和效益。

优化价值链的关键在于改进生产工艺。随着科技的不断发展，新的生产技术和工艺不断涌现。企业应积极引入这些技术和工艺，以提高生产过程的自动化和智能化水平。这不仅可以减少人工成本，而且可以提高生产效率，确保产品的一致性和稳定性。降低成本是价值链优化的另一个重要方面。企业应通过精细化管理、优化采购渠道等方式降低成本。

提高产品质量是价值链优化的核心目标之一。随着消费者对产品品质的要求日益提高，企业必须不断提高产品质量以满足市场需求。这需要企业加强质量管理体系建设，严格把控产品质量，确保产品的高品质和可靠性。增强销售渠道也是价值链优化的重要环节。在当今市场竞争激烈的背景下，销售渠道的拓展和优化对于企业的销售业绩至关重要。企业应加强市场调研，了解客户需求，制订针对性的销售策略，提高销售业绩和市场占有率。

除了以上几个方面之外，企业还需要注重价值链的持续优化和升级。随着市场环境的变化和技术的不断进步，企业应不断调整自身的价值链，以适应市场需求的变化。这需要企业具备敏锐的市场洞察力和创新精神，及时发现并抓住市场机遇，实现价值链的持续优化和升级。

三、组织变革与柔性化

组织是企业实现战略目标的重要载体。随着市场竞争的加剧和外部环境的变化，组织变革已成为企业持续发展的必然要求。组织变革涉及组织结构的调整、管理模式的创新、流程的优化等多个方面，目的是提高组织的效率和灵活性，更好地适应市场变化和抓住市场机遇。

首先，组织结构的调整是组织变革的重要方面之一。传统的组织结构往往采用等级制和职能分工的方式，这种结构在稳定的环境下能够提高组织的效率和稳定性。然而，随着市场竞争的加剧和外部环境的变化，传统的组织结构往往难以适应市场的快速变化。因此，企业需要打破传统的组织结构，采用更为灵活的组织形式，如矩阵制、项目制等，以便更好地协调各部门之间的合作和应对市场变化。

其次，管理模式的创新也是组织变革的重要方面之一。企业管理模式的创新主要涉及领导方式、激励机制、沟通机制等方面的变革。随着企业规模的不断扩大和业务范围的拓展，传统的命令和控制型领导方式已无法满足企业发展的需要。因此，企业需要采用更为开放和包容的管理模式，鼓励员工的自主性，激发员工的创造力和潜能。同时，企业还需要建立有效的激励机制和沟通机制，以便更好地调动员工的积极性和提高组织的执行力。

最后，流程的优化也是组织变革的重要方面之一。企业的业务流程是企业运作的基础，流程的优化能够提高企业的效率和响应速度。企业需要对业务流程进行全面梳理和分析，发现存在的问题，通过流程再造和优化提高组织的效率和灵活性。同时，企业还需要采用现代化的信息技术手段对业务流程进行数字化改造，提高组织的自动化和智能化水平。

除了以上几个方面之外，企业还需要增强组织的柔性化。柔性化组织是指企业在面对外部环境变化时能够快速适应的组织形式。企业需要建立柔性化的组织结构和管理模式，以便更好地应对市场变化和抓住市场机遇。这需要企业具备高度的灵活性和创新能力，鼓励员工自主学习和成长，不断拓展企业的业务范围和市场领域。

四、品牌与营销策略的创新

品牌和营销是企业经营战略中的核心要素，在企业的市场竞争中起着重要作用。品牌不仅是企业形象的代表，而且是消费者对企业及其产品认知和信任的基础。营销是企业实现销售目标、提高市场份额和获得利润的关键手段。因此，企业需要高度重视品牌和营销策略的创新与实施，以获取竞争优势并在市场中立于不败之地。

首先，品牌的建设与维护对于企业而言至关重要。一个强大的品牌意味着高知名度和美誉度，能够吸引更多的消费者并建立忠诚度。品牌的建设不仅仅是在外部进行宣传和推广，更重要的是在企业内部形成一种品牌文化和管理体系。企业需要从品牌定位、品牌形象、品牌传播等方面入手，建立具有独特个性和价值的品牌形象。同时，企业还需要持续维护品牌形象，确保产品和服务的质量与品牌的承诺相符合，并及时处理任何品牌危机事件，以维护品牌的声誉和形象。

其次，营销策略的创新是企业获取竞争优势的关键。在当今竞争激烈的市场环境中，企业需要不断进行营销策略的创新，以满足消费者日益多样化的需求。这包括对市场进行深入分析，了解消费者的需求、爱好和行为特征，从而制订有针对性的产品定位、价格策略、渠道建设和促销活动。企业还需要根据市场变化及时调整营销策略，不断优化和完善营销组合，以提高营销效果和市场占有率。

最后，数字化营销和社交媒体营销是当今企业获取竞争优势的重要手段。随着互联网和社交媒体的普及，越来越多的消费者通过网络平台获取信息、交流意见和购买产品。企业需要充分利用数字化营销工具和社交媒体平台，与消费者进行互动、沟通和服务，建立线上品牌形象和销售渠道。通过数据分析、搜索引擎优化、内容营销等手段，企业可以更好地了解消费者需求，提高品牌知名度和美誉度，增加销售机会，提高转化率。

此外，企业还需要注重体验营销和服务营销。体验营销是指通过创造有价值的用户体验来吸引消费者并提高其忠诚度。企业需要在产品或服务的设计、生产和销售过程中关注消费者的体验，提供舒适、便捷和个性化的服务。服务营销则强调企业需要重视售后服务的提供和维护，以满足消费者对售后支持和保障的需求。通过提供优质的服务和解决方案，企业可以增强消费者对品牌的忠诚度，提高口碑传播和重复购买率。

五、资本运营与财务管理的优化

资本运营与财务管理是企业经营管理中的核心环节，对于企业的竞争优势和可持续发展具有重要作用。资本运营是指企业有效管理和运用自身资本，以提高资本效率和效益的一系列活动。财务管理则是企业进行资金筹措、运用、分配和监控的重要手段。在当今竞争激烈的市场环境中，企业需要注重资本的有效运作，规范财务管理，以提高资金使用效率，降低财务风险，为竞争优势的持续演化提供坚实的财务基础。

首先，企业应关注资本结构的合理配置。资本结构是指企业各种资本来源的构成及其比例关系，合理的资本结构有助于降低企业的资本成本，提高偿债能力。企业应根据自身的经营状况和发展战略，权衡债务资本和权益资本的比例，选择合适的融资方式，优化资本结构。通过合理的资本结构配置，企业可以降低财务风险，提高财务稳健性，为竞争优势的持续演化提供坚实的财务基础。

其次，企业应注重投资决策的有效性。投资决策是企业资本运营中的重要环节，直接影响到企业的经济效益和未来发展。企业应制订科学合理的投资决策程序，对投资项目进行全面的风险评估和可行性分析，确保投资决策的科学性和有效性。同时，企业还应关注投资组合的多元化，分散风险，提高投资回报的稳定性和可持续性。通过有效的投资决策，企业可以优化资源配置，提高资本使用效率，增强自身的盈利能力和竞争优势。

再次，企业应规范财务管理流程。财务管理流程的规范性直接影响到企业的财务稳健性和透明度。企业应建立健全财务管理制度，明确财务管理的职责和权限，确保财务信息的真实、准确和完整。同时，企业还应加强内部控制和审计监督，防范财务风险和舞弊行为的发生。通过规范财务管理流程，企业可以提高财务管理的效率和透明度，为竞争优势的持续演化提供坚实的财务基础。另外，资金管理也是财务管理中的重要方面。资金是企业经营活动的血脉，资金管理的好坏直接影响到企业的正常运营和盈利能力。企业应制订科学的资金管理体系，对资金进行全面规划、集中管理、动态监控和风险预警。通过合理的资金调度和运用，企业可以提高资金使用效率，降低资金成本，增强自身的偿债能力和抗风险能力。

最后，企业应关注财务杠杆的合理运用。财务杠杆是指企业通过负债经营获取财务收益的一种手段。适度的负债经营可以提高企业的盈利能力和市场竞争力，过高的负债水平会加大企业的财务风险和经营压力。因此，企业应合理运用财务杠杆，根据自身的发展阶段和经营状况选择合适的负债比例和融资方式。通过合理运用财务杠杆，企业可以在保持财务稳健的前提下提高自身的盈利能力和竞争优势。资本运营与财务管理是企业竞争优势的重要支撑。企业应注重资本的有效运作、规范财务管理、提高资金使用效率、降低财务风险等方面的工作。在未来市场竞争中，资本运营与财务管理将成为企业获取竞争优势的重要手段之一。

第二节　持续创新与适应性调整

一、持续创新的必要性

（一）产品与技术的持续创新

在产品层面，持续创新是企业保持竞争力的关键。这意味着不断推出具有竞争力的新产品，或者持续提升现有产品的性能和质量。这一过程需要企业在研发上投入大量资源，通过不断试验和改进来实现技术突破和创新。持续的产品创新是企业适应市场需求、满足消费者变化的重要手段，也是企业获得竞争优势和市场份额的重要途径。

首先，持续的产品创新可以不断拓展企业的市场空间。随着消费者需求的不断变化和市场竞争的加剧，新产品和新服务的需求越来越强烈。通过不断推出符合消费者需求的新产品，企业可以迅速占领市场，扩大市场份额。这种创新既可以是对现有产品的改良升级，也可以是完全颠覆性的新产品，但无论哪种形式，都能够为企业带来新的增长点和利润来源。

其次，持续的产品创新有助于企业建立品牌形象和提升品牌价值。在市场上，品牌形象和口碑是消费者选择产品的重要依据。通过持续的产品创新，企业可以不断提升品牌形象和口碑，树立消费者对品牌的信任和忠诚度。这种品牌价值的提升不仅可以增加消费者的购买意愿，而且可以为企业带来更多的合作伙伴和资源，从而形成品牌竞争优势。

再次，持续的产品创新有助于企业提升技术水平和研发能力。在产品创新的过程中，企业需要进行大量的研发和技术攻关，这需要具备强大的技术实力和研发能力。通过不断地技术创新和产品研发，企业可以不断提升自身的技术水平和研发能力，形成技术壁垒和竞争优势。这样的技术积累和沉淀也能够为企业未来的发展提供更加坚实的基础和支撑。

最后，持续的产品创新有助于企业建立良好的生态系统。在当今的商业竞争中，单一的产品或服务已经很难取得明显的竞争优势。企业需要建立良好的生态系统，将自身的产品和服务与合作伙伴、供应商等整合起来，形成完整的商业闭环。通过持续的产品创新，企业可以与合作伙伴和供应商等建立更加紧密的关系，共同推动整个生态系统的繁荣和发展。这样的生态系统建设不仅能够提升企业的竞争力，而且能够为企业带来更多的商业机会和发展空间。

（二）服务与模式的持续创新

服务的创新在当今市场竞争中同样占据着重要地位。随着消费者需求的日益复杂化和个性化，他们对体验和服务质量的期望也在不断提高。企业要想在激烈的市场竞争中脱颖而出，不仅需要提供优质的产品，而且需要提供卓越的服务。

首先，服务的创新有助于提升消费者的体验。在消费过程中，消费者不仅关注产品的功能和性能，而且重视整个消费过程中的感受和体验。通过服务的创新，企业可以提供更加个性化和贴心的服务，满足消费者的需求和期望。例如，通过优化服务流程，企业可以减少消费者的等待时间和操作复杂度，提高服务的便捷性和智能性。这种良好的体验不仅能够增加消费者的忠诚度，而且能够通过口碑传播为企业带来更多的潜在客户。

其次，服务的创新有助于提升企业的竞争优势。在同质化竞争的市场环境中，服务的差异化是打造企业独特竞争优势的重要手段。通过提供卓越的服务，企业可以与其他竞争对手形成差异化，树立自身的品牌形象和口碑。这种服务的差异化可以体现在服务流程的优化、服务人员的专业素质、增值服务的提供等方面。通过服务的创新，企业可以建立自身的竞争优势，从而在市场竞争中获得更大的份额。

再次，服务的创新有助于企业提升运营效率。服务的优化和创新不仅可以提高消费者的满意度，而且可以提升企业内部运营的效率。通过简化服务流程、降低运营成本、提高服务质量，企业可以进一步提升自身的运营效率和市场竞争力。这不仅能够降低企业的运营成本，而且能够释放出更多的资源用于产品和服务的创新，从而形成良性循环。

最后，服务的创新有助于企业建立长期合作关系。优质的服务不仅能够满足消费者的即时需求，而且能够与企业形成长期的合作关系。通过提供卓越的服务，企业可以与消费者建立起互信和忠诚的关系，从而形成稳定的客户群体和市场份额。这种长期合作关系的建立对于企业的可持续发展和长期盈利能力至关重要。

（三）组织文化的创新

创新不应仅仅局限于产品和服务的层面，而应该成为企业的核心价值观和文化。一个鼓励创新、宽容失败的组织文化能够激发员工的创造力和激情，推动企业不断向前发展。创新作为企业的核心价值观，能够引领企业不断追求卓越。在竞争激烈的市场环境中，只有持续创新，才能保持企业的竞争优势。将创新融入企业的核心价值观，能够使员工深刻理解创新的重要性，并在日常工作中积极践行创新理念。这种追求卓越的文化氛围将推动企业不断突破自我，实现更高层次的发展。

此外，创新文化的建设还需要企业采取一系列措施。首先，企业应该建立完善的创新激励机制，鼓励员工积极参与创新活动，并对取得的创新成果给予适当的奖励。这种奖励可以是物质上的，也可以是精神上的，但关键是要让员工感受到自己的努力得到了认可和赞赏。其次，企业应该营造一个开放、包容的创新氛围，鼓励员工提出不同的意见和建议，充分释放他们的创造力。再次，对于失败的创新尝试，企业应该持宽容的态度，帮助员工从失败中吸取教训，不断成长和进步。最后，企业领导者在创新文化的建设中扮演着重要角色。领导者应该以身作则，积极倡导创新理念，并为员工提供必要的支持和资源。同时，领导者还应该善于发掘和培养创新人才，为企业的长远发展提供源源不断的人才支持。

（四）战略与决策的创新

持续创新不仅局限于产品和服务的优化，而且应贯穿于企业的战略和决策层面。在不断变化的市场环境中，企业需要不断审视自身的战略定位和市场策略，以确保其与市场趋势和消费者需求保持高度匹配。这种创新的战略和决策能力能够使企业在关键时刻做出明智的抉择，抓住市场机遇或应对潜在的挑战。

首先，持续创新要求企业具备敏锐的市场洞察力。市场环境是瞬息万变的，企业必须时刻关注市场趋势和消费者需求的变化，并及时做出相应的调整。通过持续的市场调研和分析，企业可以及时获取关于市场和消费者的最新信息，为战略决策提供有力的数据支持。这种市场洞察力能够帮助企业把握市场机遇，及时调整战略方向，确保企业在市场竞争中保持领先地位。

其次，持续创新要求企业敢于突破传统的战略思维模式。在面对市场变化时，企业不能固守传统的思维方式和战略框架，而应敢于挑战和突破。通过创新的市场策略和商业模式，企业可以开辟新的市场空间和商业机会。这种创新的战略思维能够帮助企业打破行业壁垒，实现跨越式发展，成为市场的领导者。

再次，持续创新要求企业具备快速响应和灵活调整的能力。市场变化往往是不可预测的，企业需要具备快速响应的能力，及时应对市场变化和挑战。同时，企业还需保持战略的灵活性，根据市场变化随时调整自身的战略方向和业务布局。这种快速响应和灵活调整的能力能够使企业更好地适应市场变化，减少风险损失，保持稳定的发展态势。

最后，持续创新要求企业建立完善的创新机制和组织架构。企业需要建立一套完整的创新体系，包括创新人才的选拔和培养、创新项目的评估和管理、创新成果的转化和应用等。同时，企业还需要优化自身的组织架构，打破部门壁垒和层级障碍，促进信息的流通和资源的共享。这种完善的创新机制和组织架构能够为企业提供强大的创新动力和支撑，推动企业不断向前发展。

二、适应性调整的重要性

企业需要持续创新，也需要具备适应性调整的能力。市场环境是复杂多变的，企业需要灵活应对各种变化，及时调整自身的战略和业务模式。适应性调整有助于企业快速适应市场变化，抓住市场机遇，降低经营风险。

第一，企业应建立敏捷的市场响应机制。市场变化是瞬息万变的，企业需要快速感知市场变化并做出反应。通过建立敏捷的市场响应机制，企业可以及时获取市场信息，对市场变化进行快速分析和判断，从而迅速调整自身的战略和业务模式。这种机制可以提高企业的反应速度，减少决策延误，使企业更好地适应市场变化。

第二，企业应关注市场趋势的变化。市场趋势是影响企业战略和业务模式的重要因素。企业需要时刻关注市场趋势的变化，了解行业的发展方向和未来市场需求。根据市场趋势的变化，企业可以及时调整自身的战略方向和业务布局，抓住市场机遇，提高自身的竞争力。

第三，企业应灵活调整产品和技术策略。产品和技术是企业竞争力的核心要素。随着市场的变化，企业应灵活调整自身的产品和技术策略。通过不断改进和优化产品，提高产品质量和用户体验，满足消费者的需求和期望。同时，企业还应关注新技术的研发和应用，将新技术融入产品和服务中，提高自身的技术优势和市场竞争力。

第四，企业应适时调整营销策略。营销策略是企业推广产品和服务的重要手段。随着市场的变化，企业应适时调整营销策略，以适应市场的变化和消费者的需求。这包括调整定价策略、促销策略、渠道策略等，使营销策略更加符合市场和消费者的实际情况。通过有效的营销策略，企业可以提高品牌知名度和市场份额，增加销售收入和利润。

第五，企业应建立快速响应的组织架构。组织架构是企业内部管理和运营的基础。为了快速适应市场变化，企业应建立快速响应的组织架构，优化内部管理流程和决策机制。通过减少层级、加强跨部门协作、鼓励员工参与决策等方式，提高企业的反应速度和执行能力。同时，企业还应建立风险预警机制，及时发现和应对潜在的经营风险和市场挑战。

三、持续创新与适应性调整的关系

持续创新与适应性调整在企业的发展中扮演着重要角色。它们并不是相互排斥的，而是相辅相成的。一方面，持续创新为企业提供了源源不断的动力，推动企业不断向前发展；另一方面，适应性调整使企业能够更好地应对市场的变化，保持稳健的运营状态。创新是企业发展的驱动力。在竞争激烈的市场环境中，只有不断创新才能在市场中立于不败之地。创新可以是产品创新、技术创新、管理创新、商业模式创新等。通过持续创新，企业可以不断满足市场需求，提高自身竞争力，获得更多的市场份额。

然而，创新并非一蹴而就的过程，它需要投入大量的人力、物力和财力。在这个过程中，企业可能会面临各种风险和不确定性。因此，企业追求创新的同时，也需要注重市场的反馈和变化，及时进行调整和优化。适应性调整的目的是使企业的战略和业务模式更加符合市场和消费者的实际情况，提高企业的竞争力和市场适应性。

在实践中，持续创新和适应性调整是相互促进的。一方面，通过持续创新可以推动企业的发展，提高企业的竞争力和市场地位；另一方面，通过适应性调整可以使企业更好地适应市场变化和消费者需求的变化，进一步巩固和扩大市场份额。为了实现持续创新与适应性调整的有机融合，企业需要建立一种动态的平衡机制。这种机制可以根据市场变化和消费者需求的变化，及时调整企业的战略、业务模式、产品和技术等。这种动态平衡机制的实现需要企业具有强大的组织能力和管理能力。企业需要建立一种扁平化、开放化的组织结构，鼓励员工积极参与创新和调整的过程。

同时，企业还需要建立一种科学的管理制度和创新机制，使企业能够有效地管理创新和调整的过程，实现企业的可持续发展。总之，持续创新与适应性调整是相辅相成的，而非相互排斥的。企业应将持续创新和适应性调整有机地结合起来，形成一种动态的平衡。创新的同时，注重市场的反馈和变化，及时进行调整和优化，确保创新的有效性和市场适应性。

四、如何实现持续创新与适应性调整

实现持续创新与适应性调整是企业应对市场挑战和抓住市场机遇的关键。为了达到这一目标，企业需要从多个方面入手，建立一个综合的创新与调整体系。

第一，企业应建立市场反馈机制。市场反馈是企业进行适应性调整的重要依据。企业应该建立一套完善的市场反馈机制，及时收集和分析市场信息、消费者需求和竞争对手动态等方面的数据。通过市场反馈机制的建立，企业可以更好地了解市场和消费者的实际情况，及时发现和解决潜在问题，调整自身的战略和业务模式，提高市场适应性。

第二，企业应培养快速响应的组织能力。快速响应的组织能力是企业应对市场变化的重要保障。企业应该建立一种扁平化、开放化的组织结构，打破部门壁垒和层级障碍，促进信息的流通和资源的共享。

第三，企业应建立一种快速响应的决策机制，使企业能够迅速应对市场变化和消费者需求的变化。通过培养快速响应的组织能力，企业可以提高自身的反应速度和执行能力，更好地适应市场变化和抓住市场机遇。

第三节　多元化发展与风险控制

一、多元化发展的意义与风险

（一）降低经营风险

在经济学理论中，多元化发展被认为是一种有效的风险管理模式。根据马克维茨投资组合理论，多元化投资可以降低非系统风险。同样地，企业在多个业务领域的经营也可以降低非系统风险。单一业务的企业，其经营成果受单一市场和行业的影响，波动性较大；而多元化发展的企业则可以通过不同业务领域的互补，降低整体经营的波动性，提高稳定性。

具体而言，多元化发展能够降低企业的经营风险，主要表现在以下几个方面：

1. 市场风险降低。企业通过涉足不同的业务领域，可以分散对单一市场的依赖。当某一市场出现不景气或衰退时，其他市场的业务可以为企业提供稳定的收入和利润来源，保持企业的稳定运营。

2. 行业风险分散。不同的行业有其自身的发展周期和规律，企业通过多元化发展可以跨越不同的行业周期，避免因某一行业的兴衰而对企业整体经营造成过大影响。

3. 提高资源利用效率。多元化发展可以更好地利用企业现有资源，提高资源利用效率。企业可以通过对核心资源和能力的共享，降低生产成本、管理成本等，提高资源的使用效率。

4. 提高企业整体竞争力。多元化发展可以发挥不同业务之间的协同效应，提高企业整体竞争力。不同业务之间的技术、市场、渠道等资源的共享可以降低企业整体的运营成本，提高运营效率和市场竞争力。

（二）寻找新的增长点

随着市场环境的变化，企业可能面临发展空间受限的问题。市场环境的快速变化、竞争加剧、消费者需求多样化等因素都可能导致企业的现有业务面临增长瓶颈。在这种情况下，企业可以通过多元化发展来寻找新的增长点，开拓新的市场和业务领域。多元化发展是一种战略选择，旨在通过进入新的业务领域或市场，为企业带来新的增长机会和竞争优势。它可以帮助企业分散经营风险、提高资源利用效率、增强市场地位和竞争力。

具体而言，多元化发展为企业带来的益处包括以下几个方面：

1. 扩大市场份额。通过多元化发展，企业可以进入新的市场和业务领域，从而扩大市场份额。新领域的开拓可以为企业带来更多的客户和消费者，增加销售额和利润来源。

2. 发掘新的增长机会。随着市场环境的变化和技术的发展，新的增长机会不断涌现。多元化发展可以帮助企业抓住这些机会，进入具有潜力的新兴领域，从而获得更高的增长和回报。

3. 实现资源共享。多元化发展可以促进企业不同业务之间的资源共享。通过共享品牌、渠道、技术、管理等方面的资源，企业可以提高资源利用效率，降低生产成本和管理成本。

4. 增强市场地位和竞争力。通过多元化发展，企业可以在不同的业务领域中积累经验和知识，提高自身的技术水平和创新能力。这有助于企业在市场上树立品牌形象，提高产品和服务的质量和差异化程度，从而增强市场地位和竞争力。

企业在追求寻找新的增长点的过程中需要注意以下几点：

1. 明确战略目标。企业在开展多元化发展之前，需要明确自身的战略目标和发展方向。这有助于企业选择适合自己的领域和市场，避免盲目扩张和过度多元化。

2. 强化核心业务。企业在多元化发展的过程中，需要保持核心业务的竞争力。核心业务是企业稳定发展的基础，也是企业竞争优势的重要来源。只有核心业务具备足够的竞争力，才能为企业的多元化发展提供支撑和保障。

3. 谨慎选择新业务领域。企业在选择新的业务领域时，需要充分评估市场前景、竞争状况、技术发展趋势等因素。选择适合自身资源和能力的领域是降低多元化发展风险的关键。

4. 建立高效的管理体系。多元化发展需要企业具备高效的管理体系和组织结构，以适应不同业务领域的管理需求。企业需要建立灵活的管理机制和决策流程，提高对市场变化的响应速度和决策效率。

5. 保持财务稳健。企业在多元化发展的过程中，需要保持财务稳健，合理规划资金使用和融资策略。通过控制财务风险、提高资产运营效率等手段，确保企业的财务状况能够支持多元化发展的需要。

（三）实现资源共享

品牌资源是企业的重要资产。通过多元化经营，企业可以将自身品牌延伸到不同的业务领域，利用品牌的影响力和认知度来提高市场占有率和消费者忠诚度。品牌资源的共享可以降低企业在不同领域进行品牌推广的成本，提高品牌的整体价值和市场影响力。

渠道资源也是企业的重要资源之一。通过多元化经营，企业可以将自身的销售渠道和网络扩展到不同的业务领域，实现渠道资源的共享。这有助于企业提高销售效率、降低销售成本、扩大市场份额，从而获得更多的商业机会和收益。

此外，管理资源的共享也是多元化经营的一个重要优势。企业可以通过多元化经营，将自身的管理经验、管理方法和管理团队等资源应用于不同的业务领域。这有助于企业提高管理效率、优化资源配置、降低管理成本，也有助于提高不同业务领域的协同效应和整体运营效率。

企业在追求资源共享的过程中需要注意以下几点：

1. 核心资源的管理和控制。企业在多元化经营中需要有效地管理和控制核心资源，确保资源的合理配置和高效利用。企业需要建立完善的管理体系和制度，加强核心资源的整合和协同，避免资源的浪费和重复建设。

2. 业务领域的匹配度。企业在选择多元化经营的领域时，需要考虑与现有业务的匹配度和协同效应。选择与现有业务相关或相似的领域可以更好地利用核心资源，降低经营风险，提高成功率。

3. 风险管理。多元化经营可能增加企业的经营风险。企业需要建立完善的风险管理体系，对不同业务领域的风险进行充分评估和预警。同时，采取相应的风险控制措施，降低多元化经营带来的风险和损失。

（四）资源分散

多元化发展是企业发展的重要战略之一，但其实施需要企业投入大量的资源，如人力、物力和财力。这些资源的投入是为了开拓新的业务领域，寻找新的增长机会，从而提高企业的整体竞争力和盈利能力。然而，如果企业过度扩张，可能会导致资源分散，影响核心业务的竞争力，带来经营风险和财务压力。

首先，多元化发展需要企业投入大量的人力资源。企业需要组建专业的团队，负责新业务领域的开发、运营和管理。这些人员需要具备相关的专业知识和经验，以便快速适应新领域的需求和挑战。然而，如果企业在多个领域同时开展业务，就需要大量的人力资源，这可能会导致企业内部人力资源的紧张和分散。同时，新领域的业务发展需要时间和经验积累，因此，企业需要保持人员的稳定性和连续性，避免人员流动对业务发展造成影响。

其次，多元化发展需要企业投入大量的物力资源。企业需要购买设备、建设生产线、采购原材料等，以便在新领域中开展业务。这些物力资源的投入是为了支持新业务的生产和运营，提高企业的竞争力和市场地位。然而，如果企业过度扩张，物力资源的投入也会相应增加，这可能会降低企业的资产流动性，影响企业的财务稳健性和风险控制能力。

最后，多元化发展需要企业投入大量的财力资源。企业需要为新业务领域的开发、运营和管理提供资金支持。这些资金可以用于研发、市场营销、广告宣传等方面，以提高新业务的市场份额和品牌知名度。然而，如果企业过度扩张，财力资源的投入也会相应增加，这可能会加重企业的财务风险和负担。同时，新业务领域的投资回报需要时间来体现，因此，企业需要合理规划资金使用和融资策略，避免资金链断裂和财务危机。

（五）管理难度增加

随着业务领域的不断扩张，企业的组织结构和管理难度也会相应增加，这可能对企业的运营效率产生一定的影响。

首先，多元化发展会导致企业组织结构的复杂化。企业需要建立相应的部门和团队来管理新业务领域，使得企业的组织结构更加庞大和复杂。同时，不同业务领域之间的差异性和特殊性也可能导致组织结构中的不协调和矛盾。这种组织结构的不稳定性可能导致企业决策缓慢、沟通不畅、资源分配不均等问题，从而影响企业的运营效率。

其次，多元化发展会增加企业的管理难度。企业需要面对不同业务领域的市场、竞争、技术等方面的变化，还需要处理各种内部管理问题。这要求企业具备高效的管理能力和协调能力，以确保不同业务领域的协同发展。如果企业管理能力不足或管理机制不健全，可能会导致管理混乱、决策失误、资源浪费等问题，从而降低企业的运营效率。

最后，多元化发展也可能导致企业资源的分散。企业在不同业务领域进行投资和运营需要大量的资源，包括人力、物力和财力等。如果企业过度扩张，可能会导致资源分散，难以集中优势资源支持核心业务的发展。资源的分散可能导致企业在各个业务领域的竞争力下降，难以实现规模经济和范围经济，从而影响企业的整体运营效率。因此，企业在实施多元化发展战略时需要充分考虑自身的资源和能力状况，建立高效的组织结构和管理体系，加强内部协调和资源整合，以确保多元化发展的顺利进行。同时，企业需要建立健全的风险管理体系和财务管理制度，加强风险的预警和控制，避免盲目扩张和过度投资对企业的运营效率和长期发展造成不利影响。

二、如何平衡多元化发展与控制

（一）强化核心业务

在多元化发展的过程中，企业需要充分认识到核心业务的重要性。核心业务是企业稳定发展的基础，也是企业竞争优势的重要来源。只有通过不断创新和提升产品质量，企业才能巩固和扩大市场份额，为多元化发展提供支持和保障。

首先，核心业务是企业稳定发展的重要基石。核心业务是企业长期发展的基础，能够为企业提供稳定的收入和利润来源，支持企业的持续发展和扩张。企业通过不断巩固和提升核心业务的市场地位，可以增强自身的竞争力和品牌影响力，为新业务领域的拓展提供有力的支持和保障。

其次，核心业务是企业竞争优势的重要来源。企业的核心业务往往是其长期发展和经营的积累和沉淀，是企业独特的资源和能力所在。通过不断创新和提升产品质量，企业可以巩固和扩大核心业务的市场份额，提高自身的竞争力和市场地位。同时，核心业务的竞争优势也可以为新业务领域的拓展提供经验和资源支持，降低多元化发展的风险和成本。

最后，企业在多元化发展的过程中也需要注重核心业务的创新和发展。随着市场的变化和技术的进步，企业需要不断进行产品和技术创新，以满足消费者不断变化的需求和口味。同时，企业也需要根据市场需求和竞争状况，不断完善自身的核心业务体系，提高核心业务的竞争力和盈利能力。

（二）谨慎选择进入领域

在选择新的业务领域时，企业需要综合考虑自身的资源和能力以及市场的需求和竞争状况。选择适合自身的领域有助于降低风险、提高成功的机会，也有利于企业实现可持续发展。

首先，企业需要评估自身的资源和能力状况。这包括人力资源、技术资源、财务资源、品牌资源、渠道资源等方面。企业需要对自身所拥有的资源进行全面梳理和充分分析，确定自身在哪些方面具备优势和核心竞争力。同时，企业还需要评估自身的管理能力和组织文化是否能够支持新业务领域的发展，确保企业在新的领域中具备足够的资源和能力来应对市场的挑战和竞争压力。

其次，企业需要深入了解市场需求和竞争状况。市场调研是企业在选择新业务领域时必不可少的环节，通过对市场的深入了解和分析，企业可以了解市场需求和消费者偏好，从而选择更适合自身的领域。同时，企业还需要对竞争对手进行充分了解和分析，了解竞争对手的优势和劣势，从而制订更加有效的竞争策略和提高自身的竞争力。

最后，企业在选择新的业务领域时应考虑自身的战略目标和定位。企业需要根据自身的战略规划和长远发展目标，选择与自身战略定位相符合的新业务领域。这有助于企业实现战略转型和升级，提高自身的竞争力和市场份额。

（三）保持财务稳健

企业在多元化发展的过程中，保持财务稳健是至关重要的。这是因为多元化发展往往需要大量的资金投入，如果企业没有良好的财务状况，就很难支持多元化发展的需要。因此，企业需要通过合理规划资金使用、控制成本、提高资产运营效率等手段，确保财务稳健，降低财务风险，从而保证多元化发展的可持续性。

首先，企业需要制定科学的财务规划和管理制度。在多元化发展的过程中，企业需要明确自身的财务目标、预算计划和资金使用安排，确保资金的使用合理、有效和安全。同时，企业还需要建立健全的财务管理制度，包括会计核算、内部审计、风险管理等方面的制度，以确保财务工作的规范化和标准化。

其次，企业需要控制成本和提高资产运营效率。在多元化发展的过程中，企业需要注重成本控制，尽可能降低不必要的开支和浪费。同时，企业还需要提高资产运营效率，合理配置资源，优化生产流程和管理机制，从而提高企业的盈利能力和市场竞争力。

最后，企业需要关注外部因素的变化，及时调整自身的财务策略和风险管理措施。这包括国家政策、行业法规、市场需求等方面的变化。例如，国家政策的调整可能会影响企业的税收、投资等方面；行业法规的变化可能会影响企业的生产经营和市场竞争力；市场需求的变化可能会影响企业的销售和利润等方面。因此，企业需要及时了解和掌握外部因素的变化，并根据变化情况及时调整自身的财务策略和风险管理措施，以保持财务稳健和可持续发展。

第四节　社会责任与可持续发展

企业的社会责任和可持续发展已经成为企业发展的重要议题。

首先，企业的社会责任是可持续发展的重要组成部分。企业在发展过程中需要关注环境保护，积极采取措施减少对环境的负面影响。此外，企业还需要关注员工福利和社区发展，积极改善员工的工作条件和工资待遇，为社区提供支持和帮助，促进社区的繁荣和发展。

其次，可持续发展是企业履行社会责任的重要体现。企业的可持续发展需要注重长期的经济、环境和社会效益。企业追求经济效益的同时，应充分考虑环境资源的承载能力和社会发展的需求。例如，企业在投资决策时需要评估项目的环境影响和社会效益，避免对环境和社会的负面影响。此外，企业还需要积极参与社会公益事业和慈善活动，为社会做出贡献，推动社会的进步和发展。这些措施有助于企业树立良好的社会形象，提高品牌价值和市场竞争力。

最后，企业需要将社会责任和可持续发展融入企业的战略和管理中。同时，企业还需要加强与政府、社会组织和消费者的沟通与合作，共同推动社会责任和可持续发展的落实。政府可以制定相关政策和法规，鼓励企业履行社会责任和实现可持续发展；社会组织可以发挥监督和促进作用。

总之，企业的社会责任和可持续发展是相辅相成的。只有将社会责任和可持续发展融入企业的战略和管理中，才能实现企业的长期稳定发展和社会的繁荣进步。

企业的社会责任和可持续发展之间存在着密切的联系。企业的社会责任是指企业追求经济效益的同时，需要关注环境保护、社会公正和员工福利等方面，积极履行对社会的责任。可持续发展则是指企业在发展过程中需要注重长期的经济、环境和社会效益，实现企业的长期稳定发展。企业的社会责任是可持续发展的重要组成部分。随着社会对环境保护的日益重视，企业的环保责任已经成为其社会责任的重要组成部分。企业通过采用环保材料、优化生产流程、开展环保宣传等方式，可以降低生产过程中的能耗和排放，减少对环境的污染。采用环保材料是企业在生产过程中履行环保责任的重要手段之一。企业可以选择使用可再生、可降解或低污染的材料，以减少生产过程中的废弃物排放和对环境的破坏。此外，企业还可以与供应商合作，推动环保材料的使用和普及，共同为环境保护做出贡献。

优化生产流程也是企业履行环保责任的重要方式之一。企业通过对生产流程进行优化，减少生产过程中的能耗和排放，提高资源利用效率。这可以通过技术升级、工艺改进等方式实现。同时，企业还可以通过开展环保宣传，增强员工的环保意识和参与度，进一步推动企业环保责任的履行。除了关注环境保护之外，企业还需要关注员工福利和社区发展。员工是企业的重要资产。企业应该积极改善员工的工作条件和工资待遇，提高员工的工作积极性和忠诚度。同时，企业还应该为社区提供支持和帮助，促进社区的繁荣和发展。这些措施有助于提高企业的社会形象和市场竞争力，进一步推动企业的可持续发展。

员工福利是企业社会责任的重要组成部分。企业应该为员工提供安全健康的工作环境、合理的薪资和福利待遇以及良好的职业发展机会。这些措施可以提高员工的工作积极性和忠诚度，吸引和留住优秀的人才。员工的工作满意度和幸福感不仅有助于企业的稳定发展，而且可以提高员工的工作效率和创新性，为企业创造更多的价值。

此外，企业还应该关注社区的发展和建设。企业与所在的社区建立良好的关系是至关重要的，因为社区为企业提供人力、物资和环境等方面的支持，同时也是企业产品的消费者和服务的对象。企业通过为社区提供支持和帮助，可以促进社区的繁荣和发展，也可以提高企业的社会形象和市场竞争力。例如，企业可以参与当地的慈善活动，捐款捐物，支持教育、医疗等公益事业，也可以为当地的经济发展做出贡献。这些措施能够帮助企业树立良好形象，并获得社会的认可和信任。

内部控制机制可以帮助企业规范自身的行为和管理流程，确保企业在经营活动中遵守法律法规和社会道德规范。考核评价体系可以帮助企业评估自身的经营成果和社会责任履行情况，及时发现问题并进行改进。同时，企业还需要加强与政府、社会组织和消费者的沟通与合作。社会组织可以发挥监督和促进作用；消费者可以积极关注企业的社会责任表现，支持可持续发展的产品和服务。通过与利益相关方的合作与沟通，企业可以更好地履行社会责任和实现可持续发展目标。另外，企业还应该注重创新和技术进步。创新是企业发展的动力源泉之一，通过创新和技术进步可以提高企业的生产效率和质量水平，降低成本和资源消耗。同时，创新和技术进步也可以为企业带来新的商业机会和竞争优势。企业应该鼓励员工进行创新和技术研发活动，并为其提供必要的支持和资源保障。

企业的社会责任和可持续发展之间存在着密切的联系。企业追求经济效益的同时，需要关注环境保护、员工福利和社区发展等方面的问题。将社会责任融入企业的战略和管理中，可以更好地实现可持续发展目标。这不仅可以提高企业的社会形象和市场竞争力，而且可以为社会的繁荣和发展做出贡献。

第八章　新兴市场企业创新战略与竞争优势的互动关系

第一节　创新战略对竞争优势的影响

一、产品和服务创新

在当今的市场环境中，企业之间的竞争愈发激烈，消费者对产品和服务的需求也呈现出多元化和个性化的特点。首先，创新战略是企业获得竞争优势的关键。通过创新，企业可以开发出独特的产品和服务，这些产品和服务在市场中具有稀缺性，因此可以为企业带来高额的利润。其次，创新战略有助于企业满足消费者不断变化的需求。随着社会的进步和科技的发展，消费者的需求也在不断升级和变化。通过创新战略，企业可以不断地推出新的产品和服务，以满足消费者的需求。例如，随着人们对通信和娱乐需求的提高，智能手机的功能不断升级，从拍照、音乐播放、视频通话到各种应用程序的集成，满足了人们在不同场景下的需求。

在实施创新战略的过程中，企业还需要注重以下几个方面：

1. 持续改进。创新并不是一次性的行为，而是需要企业在产品、服务、流程等方面不断地进行改进和创新。只有不断地推陈出新，才能保持企业的竞争优势。

2. 跨部门合作。创新往往涉及多个部门和领域的知识和技能。因此，企业需要加强跨部门、跨领域的合作与交流，共同推动创新的实现。

3. 人才培养与引进。创新需要高素质的人才作为支撑。企业需要不断地培养和引进高素质人才，为创新提供足够的智力支持。

4. 组织文化的建设。创新需要一个开放、包容、激励的组织文化氛围。企业需要建立这样的文化氛围，鼓励员工积极参与到创新过程中来。

5. 风险管理。创新具有风险和不确定性。企业需要建立完善的风险管理体系和控制机制，有效地应对可能出现的风险和不确定性。

6. 开放式创新。企业可以采取开放式创新的策略，利用外部资源进行创新。例如，企业可以通过与高校、科研机构等的合作进行技术研发和创新。

7. 用户体验至上。在产品和服务的设计与开发过程中，企业应该注重用户体验，从用户的角度出发去思考和解决问题，提供更加优质的产品和服务。

8. 快速响应市场变化。市场环境的变化是非常快的，企业需要有敏锐的市场洞察力并快速响应市场变化，通过不断调整和创新来适应市场的变化和发展趋势。

9. 全球视野。在全球化的背景下，企业需要有全球化的视野和创新思维，通过了解全球市场需求和趋势并与国际先进技术接轨来提升自身的创新能力。

10. 数据驱动决策。利用大数据技术进行数据分析和挖掘，可以帮助企业更好地了解市场需求、用户行为等信息并制订更加科学、合理的创新战略和决策方案。

二、成本和效率优化

创新战略是企业发展的重要驱动力。它不仅关注产品和服务方面的创新，而且涉及生产流程、管理方式等方面的优化。在当今竞争激烈的市场环境中，企业要想获得竞争优势，必须不断地进行创新和改进。创新战略在产品和服务方面的实施可以帮助企业获得竞争优势。通过开发具有差异化特征的产品和服务，企业可以满足消费者不断变化的需求，并在市场中获得优势地位。然而，创新战略并不仅仅局限于产品和服务方面的创新，企业还需要在生产流程和管理方式等方面进行优化和创新。例如，自动化生产线的引入可以减少人工成本、提高生产效率并降低生产过程中的误差率。此外，通过管理创新，企业可以优化内部管理流程、提高组织效率和灵活性，从而更好地应对市场变化和竞争压力。为了实现技术创新和管理创新，企业需要采取一系列措施。首先，企业应该注重人才培养和引进，为创新提供足够的人才支持。其次，企业应该加强与高校、科研机构等的合作与交流，共同推动技术创新和管理创新的发展。

除了技术创新和管理创新之外，企业还需要关注其他方面的优化和创新。例如，企业可以通过供应链管理创新来优化采购和物流环节、降低库存成本和物流费用。此外，企业可以通过营销创新来提升品牌形象和市场份额。通过不断地进行创新和改进，企业可以在各个方面都保持竞争优势并取得成功。然而，创新战略的实施也面临着一些挑战和风险。例如，创新需要大量的投入和资源支持，包括研发经费、人才引进、设备购置等。这需要企业具备足够的资金实力和资源整合能力。此外，企业在实施创新战略时还需要注重市场调研和用户反馈等信息的收集和分析，以了解市场需求和竞争态势并及时调整自己的创新方向和产品定位。

三、品牌形象和信誉建立

在当今竞争激烈的市场环境中，企业的品牌形象和信誉成为消费者选择产品和服务的重要依据。一个拥有良好品牌形象和信誉的企业往往能够吸引更多的消费者并获得他们的信任，从而在市场中获得竞争优势。而持续的创新投入正是企业建立良好品牌形象和信誉的关键因素之一。首先，创新投入可以帮助企业开发出更加优质的产品和服务。通过不断的技术创新和管理创新，企业可以提高产品的性能、降低生产成本、提升用户体验等方面的优势，从而提供更加优质的产品和服务。这样的产品和服务更容易获得消费者的认可和喜爱，从而提升企业的品牌形象和信誉。其次，持续的创新投入可以增强企业的核心竞争力。在市场竞争中，企业需要不断地进行创新和改进，以保持自己的竞争优势。通过持续的创新投入，企业可以不断地推出新的产品和服务，满足消费者不断变化的需求，并抢占市场先机。这样的企业更容易在市场中获得成功，从而进一步提升自己的品牌形象和信誉。最后，持续的创新投入可以帮助企业建立与消费者的良好关系。通过与消费者的互动和沟通，企业可以了解消费者的需求和反馈，并及时进行改进和创新。这样不仅可以让消费者感受到企业的关注和重视，而且可以增强消费者对企业的信任感和忠诚度，进一步提升企业的品牌形象和信誉。

四、风险和不确定性管理能力增强

创新是企业在市场竞争中获得优势的关键，但同时也伴随着一定的风险。创新的过程充满了不确定性和挑战，企业需要具备风险意识和管理风险的能力，以确保创新投入的有效性。在实施创新战略的过程中，企业需要注重风险管理，采取一系列措施来应对可能出现的风险和不确定性。

第一，企业需要进行充分的市场调研和需求分析。了解市场需求和消费者痛点是企业进行创新的前提和基础。通过市场调研，企业可以了解目标市场的规模、竞争情况、消费者需求等信息，从而为产品或服务的定位和创新提供依据。同时，企业需要关注行业趋势和未来发展方向，以便提前布局和规划创新战略。

第二，企业需要进行充分的技术可行性分析和风险评估。在确定创新方向后，企业需要对相关技术进行可行性分析和评估。同时，企业需要对创新过程中可能出现的风险和问题进行预测和评估，制订相应的应对措施和预案，以降低风险对企业的影响。

第三，企业需要建立完善的风险管理体系和应对机制。

五、促进与利益相关方的合作

创新战略的实施不仅需要企业内部资源的投入，而且常常涉及与外部利益相关方的合作。与供应商、合作伙伴、投资者等建立合作关系，企业可以共享资源、分散风险，实现互利共赢。这种合作模式在当今快速变化的市场环境中尤为重要，能够帮助企业更好地应对挑战、抓住机遇、增强竞争优势。

首先，与供应商的合作是企业创新战略中不可或缺的一环。供应商是企业生产过程中的重要合作伙伴，为企业提供原材料、零部件等生产所需的资源。通过与供应商建立紧密的合作关系，企业可以确保原材料的稳定供应、降低采购成本、提高生产效率。同时，供应商还可以为企业提供技术支持、参与产品研发等，帮助企业实现技术创新和管理创新。

其次，合作伙伴关系是企业创新战略中的重要方面。合作伙伴可以是其他企业、研究机构、高校等，通过合作共同研发新产品、开拓新市场、优化生产流程等。合作伙伴可以为企业提供技术、人才、设备等资源支持，共同应对市场竞争。这种合作模式可以降低研发成本、分散研发风险、加快研发进程，使企业更快地将创新成果转化为竞争优势。

最后，与投资者建立良好的合作关系也是企业创新战略的关键。投资者为企业提供资金支持，帮助企业实现创新投入和扩大规模。通过与投资者建立互信的合作关系，企业可以获得稳定的资金来源，降低融资成本，更好地把握市场机遇。同时，投资者还可以为企业提供战略建议、拓展业务网络等增值服务，帮助企业实现持续创新和发展。

政府机构可以为企业提供政策支持、资金补贴等优惠措施，帮助企业降低创新成本、提高市场竞争力。行业协会可以为企业提供行业信息、标准制定等服务，促进企业间的交流与合作，推动整个行业的健康发展。在合作过程中，企业需要注意利益平衡和风险共担的原则。合作伙伴和利益相关方都是为了实现各自的利益诉求而走到一起的。因此，企业需要明确合作各方的责权利关系，确保合作关系公平合理、互利共赢。同时，企业还需要建立有效的沟通机制和冲突解决机制，及时解决合作过程中出现的问题和矛盾，确保合作关系的稳定性和长期性。创新战略的实施往往涉及与供应商、合作伙伴、投资者等利益相关方的合作。通过合作，企业可以共享资源、分散风险、增强竞争优势。在合作过程中，企业需要注重利益平衡和风险共担原则，建立稳定的合作关系并持续优化合作模式，以实现可持续发展。

六、适应性和持续改进能力增强

创新是企业持续发展的动力源泉，它不仅仅局限于新产品的研发或新服务的推出，更体现在企业的运营和管理的持续改进中。创新是一个不断迭代、优化的过程。通过不断地改进和创新，企业能够更好地应对市场变化和竞争压力，提高运营效率、降低成本、增强竞争力。

在运营和管理上的持续改进中，企业需要关注以下几个方面：第一，企业需要注重生产流程的优化。生产流程是企业运营的核心环节，优化生产流程可以提高生产效率、降低成本、提高产品质量。企业可以通过引入先进的生产设备、采用精益生产、敏捷制造等生产方式，对生产流程进行持续改进和创新。第二，企业需要注重供应链管理的优化。供应链是企业运营的重要环节，优化供应链管理可以提高采购效率、降低采购成本、保证供应链的稳定性。企业可以通过与供应商建立紧密的合作关系、采用智能化的供应链管理系统等方式，对供应链管理进行持续改进和创新。第三，企业需要注重市场营销的创新。市场营销是企业与消费者之间的桥梁，创新的市场营销策略可以帮助企业更好地吸引消费者、提高品牌知名度和市场占有率。企业可以通过市场调研、目标市场定位、品牌推广等方式，对市场营销进行持续改进和创新。第四，企业需要注重组织结构的优化。组织结构是企业运营的基础框架，优化组织结构可以提高企业的组织效率和执行力。企业可以通过扁平化组织结构、建立高效的管理流程、强化团队协作等方式，对组织结构进行持续改进和创新。第五，企业需要注重人才培养和引进。人才是企业最重要的资源之一，培养和引进优秀的人才可以帮助企业实现持续的创新和发展。企业可以通过建立完善的人才培养机制、提供良好的职业发展平台、引进外部优秀人才等方式，吸引和留住人才。第六，企业需要注重企业文化的建设。企业文化是企业核心价值观和员工行为准则的体现，优秀的企业文化可以激发员工的归属感和创造力，促进企业的持续创新和发展。企业可以通过倡导创新精神、鼓励员工积极参与、建立良好的工作氛围等方式，建设积极向上的企业文化。

七、企业技术水平和研发能力提升

创新战略的核心在于通过持续的技术创新和研发活动,推动企业产品和服务的升级换代,以满足市场的不断变化和客户的个性化需求。企业通过加大研发投入、吸引优秀人才、建立研发团队等措施,可以提高自身的技术水平和研发能力,进而开发出更具竞争力的产品或服务。这种创新战略的实施有助于企业在市场上树立技术领先的形象,增强消费者对企业的信任感和忠诚度,从而构建起自身的竞争优势。

八、企业生产流程和管理模式优化

创新战略涉及对企业内部生产流程和管理模式的优化。通过引入先进的生产技术和设备、改进生产流程、降低生产成本、提高生产效率,企业可以获得成本优势,进一步巩固市场地位。同时,创新战略还包括对企业组织结构、人力资源管理、财务管理等方面的改革,以适应市场变化和企业发展的需要。这些管理创新有助于提高企业的整体运营效率和市场响应速度,增强企业的竞争优势。

九、推动企业组织变革和市场拓展

创新战略对企业组织变革和市场拓展具有重要影响。通过组织结构的调整和创新,企业可以更加灵活地应对市场的挑战和机遇。例如,采用扁平化的组织结构,增强员工的自主权和参与感,激发组织的创新能力。同时,创新战略有助于企业拓展新的市场领域和业务范围,提高品牌知名度和市场份额。企业可以借助创新战略来开发新的产品线和服务项目,以满足不断变化的市场需求。此外,创新战略还有助于企业建立品牌形象和营销策略,提升品牌价值和市场地位。

十、协同演化视角下的创新战略与竞争优势关系

从协同演化的角度来看，创新战略与竞争优势之间存在相互促进、共同演进的动态关系。一方面，通过制订和实施创新战略，企业可以不断提升自身的技术水平和研发能力、优化生产流程和管理模式、推动组织变革和市场拓展，在市场竞争中构建和提升自身的竞争优势；另一方面，随着企业竞争优势的增强和市场地位的提高，企业将拥有更多的资源和能力来投入创新活动，进一步推动创新战略的实施和演化。这种协同演化过程使得企业在市场竞争中能够持续地保持领先地位并实现可持续发展。

第二节　竞争优势对创新战略的反作用

一、竞争优势促进创新投入

当企业在市场上取得一定的竞争优势时，通常意味着其产品或服务在市场上得到了认可，并获得了一定的市场份额。这种市场地位不仅给企业带来了经济上的回报，而且给企业带来了宝贵的影响力和资源。首先，企业的影响力是其品牌价值的体现。一个在市场上具有影响力的品牌意味着消费者对企业的信任和认可。这种信任和认可给企业带来了稳定的客户群体和市场份额，从而为企业带来了稳定的收入和利润。这些收入和利润为企业提供了进一步发展的资金支持，使得企业有能力进行更多的创新投入。其次，随着企业影响力的提升，它能够吸引更多的合作伙伴和资源。这些合作伙伴和资源可以为企业提供技术支持、资金支持、市场渠道等方面的帮助，进一步增强企业的创新能力和竞争力。例如，企业可以与高校、研究机构等建立合作关系，共同开展研发项目，提高技术水平；也可以吸引风险投资者或战略投资者的关注，获得更多的资金支持。

有了更多的资源和资金，企业可以进一步推动技术创新和市场创新。技术创新是企业持续发展的动力源泉，通过不断的技术创新，企业可以推出

更具竞争力的产品或服务，满足市场需求并获得市场份额。市场创新则是企业拓展市场、提高品牌知名度的关键，通过市场创新，企业可以更好地满足客户需求，提高客户的满意度和忠诚度。技术创新和市场创新的投入不仅有助于企业推出更具竞争力的产品或服务，而且可以提高企业的组织效能和执行力。通过持续的技术创新和市场创新，企业可以不断优化自身的运营和管理流程，提高工作效率和质量，从而更好地应对市场变化和竞争压力。然而，这种竞争优势对创新战略的反作用也并非完全是积极的。

二、竞争优势激发创新动力

企业在市场上取得竞争优势后，通常会拥有更多的市场信息和资源。这种优势不仅来自企业的市场份额和利润，而且来自企业在市场中的影响力和话语权。拥有竞争优势的企业通常在市场中占据一定的份额，这意味着它们与客户的互动更多，能够收集到更多的市场反馈和需求信息。这些信息对于企业来说是无价之宝，可以帮助企业更好地了解市场需求和趋势。通过分析这些信息，企业可以发现潜在的市场机会，从而制订更加精准的创新战略。此外，拥有竞争优势的企业通常与供应商、渠道商和其他合作伙伴建立稳定的合作关系。这些关系为企业提供了更多的资源和信息，使得企业能够更加全面地了解市场动态和竞争态势。例如，企业可以从供应商那里了解新的技术和产品信息，从渠道商那里了解市场趋势消费者的购买行为，从而更好地把握创新方向和时机。

三、竞争优势降低创新风险

拥有竞争优势的企业在市场中占据一定的份额，与客户的频繁互动为企业提供了大量宝贵的信息。这些信息中包含了消费者对于产品或服务的反馈、需求及期望，这些都是企业在制订创新战略时不可或缺的参考因素。通过分析这些信息，企业可以更加精准地定位市场需求，从而制订出更加符合消费者需求的创新战略。此外，与供应商、渠道商和其他合作伙伴的稳定合作关系也为企业在市场中获得竞争优势提供了有力支持。这些合作伙伴不仅为企业提供了所需的资源和信息，而且可以帮助企业进一步扩大市场份额和增强品牌影响力。通过与合作伙伴的紧密合作，企业可以更加全面地了解市场动态和竞争态势，从而更好地应对市场变化和抓住商业机会。这些市场信息和资源不仅可以帮助企业降低创新方向的不确定性和风险，而且可以为企业提供更多的商业机会。通过深入挖掘市场需求和竞争态势，企业可以发现那些被忽视或未被完全开发的市场空白，从而制订出更具创新性和竞争力的产品或服务。这种创新的产品或服务可能为企业带来更高的市场份额和利润，进一步巩固企业的市场地位。同时，拥有竞争优势的企业通常具有较强的风险承受能力。这是因为企业的市场份额和利润为企业提供了经济实力和稳定性，使得企业能够在一定程度上容忍创新过程中的失败和波动。这种风险承受能力可以激发企业的创新精神，推动企业尝试更多的创新项目，从而获得更多的商业机会和市场回报。

四、竞争优势优化创新资源配置

当企业在市场上获得竞争优势后，其品牌、渠道和供应链等关键要素也会逐渐显现出优势。这些优势不仅有助于企业巩固现有的市场地位，而且能进一步推动企业创新，实现更快速、更高效地发展。企业的品牌优势是其市场影响力和消费者认可度的体现。在获得竞争优势后，企业的品牌价值得到提升，消费者对品牌的信任和忠诚度也随之增强。这种品牌优势为企业提供了推广新产品或服务的强大平台，使得企业能够更有效地吸引和留住客户，降低市场推广成本。企业的渠道优势表现在其销售网络的覆盖面和渗透力上。拥有广泛而稳定的销售渠道意味着企业能够快速地将产品或服务推向市场，并迅速占领市场份额。这种优势有助于企业抓住市场机遇，提高销售效率和客户满意度，进一步巩固其在市场中的领先地位。此外，企业的供应链优势主要体现在采购、生产、物流等方面的整合能力上。通过优化供应链管理，企业可以降低生产成本、提高产品质量、缩短产品上市时间，从而在市场竞争中获得更大的优势。同时，强大的供应链管理能力还有助于企业应对市场波动和不确定性，增强其对外部环境的适应能力。这些优势不仅有助于企业更好地整合内外部资源，而且为其优化创新资源配置提供有力支持。企业可以利用品牌优势来推广新的产品或服务，迅速获得消费者的认可；利用渠道优势来快速铺开市场，提高产品覆盖率；利用供应链优势来降低创新成本，提高创新效率。通过优化创新资源配置，企业可以更加聚焦于核心业务和创新领域，提高创新效率和成功率。同时，这种资源的优化配置还有助于企业构建起更加完善、高效的创新生态系统，进一步推动企业的持续创新和发展。此外，拥有竞争优势的企业还可以借助这些优势拓展新的业务领域。例如，企业可以利用品牌优势拓展相关产品线或推出新的品牌；利用渠道优势来开拓新的市场区域；利用供应链优势开发新的合作伙伴或开展跨境电商等业务。然而，这些优势并不是一成不变的，企业还需要关注外部环境的变化，及时调整战略方向和资源配置，以应对不断变化的市场需求和竞争态势。

五、竞争优势塑造创新文化

企业在市场上取得成功后，往往会形成一种追求卓越、勇于创新的组织文化。这种文化并不是一蹴而就的，而是在企业的长期发展过程中逐渐积累和形成的。它体现了企业对于创新、品质和服务的执着追求，成为企业持续发展的内在动力。

企业在市场竞争中获得成功后，对于卓越的追求就成为其组织文化的重要组成部分。这种追求卓越的精神激发了员工不断挑战自我、超越自我的动力。在工作中，员工始终保持对卓越的追求，努力提高产品或服务的品质，为企业赢得更多的市场份额和口碑。

创新是企业持续发展的关键，也是企业文化中不可或缺的一部分。在获得市场竞争优势后，企业鼓励员工敢于尝试、勇于创新，不断探索新的业务领域和市场机会。这种勇于创新的精神激发了员工的创造力，为企业带来更多的商业机会和竞争优势。

企业在市场竞争中获得成功后，团队协作成为其组织文化的核心价值之一。企业注重团队建设，鼓励员工之间的交流与合作，共同应对市场挑战和业务难题。通过团队协作，企业能够更好地整合内外部资源，提高工作效率和创新能力，进一步巩固其市场地位。

企业在市场竞争中获得成功后，持续学习成为其组织文化的重要组成部分。企业鼓励员工不断学习新知识、新技能，提升个人能力，以适应不断变化的市场需求和竞争态势。同时，企业也注重营造良好的学习氛围，提供培训和进修机会，帮助员工不断提升自我价值。这种追求卓越、勇于创新的组织文化能够激发员工的创新热情和创造力，推动企业持续地进行创新活动。员工在企业文化的影响下，积极主动地参与到创新过程中，为企业的发展贡献智慧和力量。同时，这种文化还能吸引更多的外部人才和资源，进一步增强企业的创新能力和竞争优势。

首先，这种文化对于吸引和留住人才具有重要作用。在招聘过程中，企业可以通过展示自身的企业文化来吸引那些具有创新精神、追求卓越的人才。这些人才的加入将为企业注入新的活力和创意，推动企业持续地进行创新活动。同时，优秀的企业文化能够激发员工的工作热情和归属感，使他们更加愿意长期留在企业工作和发展。

其次，这种文化有利于企业吸引合作伙伴和客户。在市场竞争中，企业的合作伙伴和客户对于企业的价值观和文化有着越来越高的要求。一个追求卓越、勇于创新的组织文化能够提升企业的品牌形象和市场信誉，吸引更多的合作伙伴和客户与之合作。这种合作将为企业带来更多的商业机会和资源，进一步增强其市场竞争力。

最后，这种文化有利于企业内部的知识共享和创新扩散。在追求卓越、勇于创新的文化氛围下，企业内部的知识和创意能够得到更好地交流和分享。员工愿意将自己的经验和知识分享给其他人，从而促进企业内部的知识积累和创新扩散。这种文化氛围将使企业的创新能力得到进一步提升，为其在市场竞争中获得更大的优势。然而，要维护和培育这种优秀的组织文化并不容易。企业需要不断地对其进行反思、调整和完善，确保其与市场环境和企业的战略方向保持一致。同时，企业还需要注重员工的培养和发展，为他们提供成长的空间和支持，使他们在企业文化的影响下不断进步和创新。

第三节　创新战略与竞争优势的协同演化

一、协同演化的动态过程

（一）市场环境的变化与企业战略的调整

市场环境是企业制订创新战略和构建竞争优势的重要基础。受到科技的发展、政策的调整、消费者需求的转变等因素的影响，市场环境始终处于不断变化之中。企业必须时刻关注市场环境的变化，及时捕捉这些变化所带来的机遇和挑战。在市场环境发生变化时，企业需要根据这些变化及时调整其创新战略。这种调整可能是对现有战略的小幅修改，也可能是对战略的全面重塑。企业需要深入分析市场环境的变化趋势，重新评估自身的优势和劣势，重新定位其在市场竞争中的地位，从而制订出更加符合市场需求的创新战略。

（二）企业发展的需要与创新活动的持续开展

除了应对市场环境的变化之外，企业还需要根据自身发展的需要进行创新。创新是企业发展的重要驱动力，可以为企业带来新的产品、新的技术、新的管理模式等，从而增强企业的核心竞争力。持续的创新活动是企业构建和提升竞争优势的关键。企业需要在内部建立良好的创新氛围，鼓励员工积极提出新的想法和创意；还需要建立完善的创新机制，以确保这些想法和创意能够得到有效实施和转化。

（三）创新战略与竞争优势的动态协同演化

创新战略与竞争优势的协同演化是一个动态的过程。这种动态的协同演化可以使企业在市场竞争中获得持续的优势。一方面，创新战略的制订和实施可以推动企业技术和产品的升级换代，提高生产效率和管理水平，从而提升企业的竞争优势；另一方面，随着企业竞争优势的提升，企业可以获得更多的市场份额和资源，这为其进一步开展创新活动提供了更好的条件和支持。这种相互促进、共同演化的过程可以使企业在市场竞争中获得持续的优势。

（四）动态协同演化的实现机制

要实现创新战略与竞争优势的动态协同演化，企业需要建立一套完善的实现机制。这包括：

1. 敏锐的市场感知能力。企业需要时刻关注市场环境的变化，及时捕捉机遇和挑战，为创新战略的制订和调整提供依据。

2. 强大的创新能力。企业需要具备强大的创新能力，以确保能够持续地推出新的产品和服务，满足市场的不断变化和消费者的个性化需求。

3. 灵活的组织能力。企业需要具备灵活的组织能力，以应对市场环境的变化和企业发展的需要，确保创新活动的有效实施。

4. 完善的知识管理体系。企业需要建立完善的知识管理体系，以积累和传承知识和经验，为企业的创新活动提供支持。

通过建立这套完善的实现机制，企业可以更好地应对市场环境的变化和企业发展的需要，实现创新战略与竞争优势的动态协同演化。创新战略与竞争优势的协同演化是一个动态的过程。同时，企业还需要通过持续的创新活动来维护和提升其竞争优势。只有通过这种动态的协同演化，企业才能在市场竞争中获得持续的优势。

二、促进协同演化的关键要素

（一）创新能力的持续提升

在当今高度竞争的市场环境中，企业的创新能力已成为决定其生死存亡的关键。创新不仅是企业应对市场变化的策略，而且是推动企业内部协同演化、构建并维持竞争优势的重要驱动力。企业的创新能力涵盖多个方面，但核心在于其技术水平和研发能力。在技术日新月异的今天，拥有先进技术的企业往往能在市场中占得先机。通过持续投入研发，企业不仅可以提高产品的技术含量，而且可以引领行业的发展方向。这种前瞻性的技术布局为企业带来时间上的领先优势，使得企业在市场竞争中能够抢占先机，但技术上的优势并不意味着企业的全面胜利。为了使技术转化为实实在在的产品或服务，企业还需要对其生产流程进行持续优化。创新的生产流程不仅可以降低生产成本，提高生产效率，而且可以确保产品质量的稳定性和可靠性。在市场需求多样化、个性化的今天，生产流程的优化已成为企业保持竞争力的必要条件。

管理模式同样也是企业创新的重要领域。传统的管理模式往往强调控制和规范化，但是在今天这样一个快速变化的时代，企业更需要的是灵活、敏捷的管理方式。通过引入现代管理理念和方法，企业能够更好地应对外部环境的变化，同时也能激发员工的创造力和工作热情。一种高效、人性化的管理模式不仅可以提高企业的运营效率，而且可以为企业吸引和留住优秀的人才。企业的创新能力不仅仅体现在技术和流程上，更体现在其对于市场变化的快速响应，一个具有创新能力的企业往往能够敏锐地捕捉到市场的微妙变化，并迅速做出反应。这种快速的市场响应能力使得企业能够在竞争中抢得先机，抓住市场的每一个机遇。总结来说，企业的创新能力是推动其内部协同演化的核心力量。通过不断地提高技术水平和研发能力、优化生产流程和管理模式、增强对市场的敏感度和响应能力，企业能够在市场竞争中获得持续的优势。而这种优势的获得和维持又进一步驱动企业进行更多的创新活动，形成了一个良性循环。

随着科技的发展和市场环境的变化，企业的创新能力将面临更多的挑战和机遇。只要企业能够紧跟时代的步伐，持续地进行创新活动，就一定能够在市场竞争中立于不败之地。因此，对于企业而言，不断地提升自身的创新能力不仅是应对市场竞争的需要，而且是其实现长期可持续发展的必由之路。

（二）组织文化的培育和发展

在知识经济时代，组织文化被视为企业软实力的重要组成部分，它不仅塑造了企业的外在形象，而且是推动企业发展与创新的核心动力。一个企业的组织文化对其创新活动和竞争优势具有深远的影响。

首先，组织文化对于激发员工的创造力和工作热情具有重要作用。当一个企业的组织文化鼓励创新、宽容失败时，员工会更加愿意尝试新的想法和方法。他们不再害怕失败，而是将失败视为学习和成长的机会。在这种文化氛围下，员工的创新思维得到充分释放，企业能够不断地推出具有竞争力的产品和服务。同时，这种正向反馈机制也进一步激发了员工的工作热情，使他们更加投入地参与到企业的各项工作中。

其次，组织文化对企业的竞争优势有直接影响。开放、创新的组织文化有助于企业快速响应市场的变化，抓住机遇；而封闭、守旧的组织文化则可能导致企业错失良机。例如，当市场需求发生变化时，具有创新文化的企业能够迅速组织资源，调整战略，以满足市场的需求；而保守的企业可能会因为对变化的恐惧而错失市场机遇。

再次，组织文化还能提高员工的归属感和忠诚度。当员工认同企业的价值观和文化时，他们更愿意为企业的发展贡献自己的力量。同时，当企业尊重员工、关心员工的发展和福利时，员工也会更加忠诚于企业。这种高度的员工忠诚度有助于企业稳定人才队伍，减少人才流失。在竞争激烈的市场环境中，人才的稳定对于企业的持续发展至关重要。

最后，组织文化还能增强企业的品牌影响力。具有正向价值观和文化内涵的企业更容易获得社会的认可和信任。例如，当企业倡导诚信、责任和可持续性时，消费者和合作伙伴会更加倾向于选择该企业的产品和服务。这种品牌影响力的提升进一步巩固了企业的市场地位和竞争优势。然而，组织文化的塑造是一个长期的过程，需要企业不断地投入和努力。企业需要通过各种方式传播和强化其文化价值观，如培训、活动、奖励等。同时，企业还需要不断地审视其文化价值观，以确保它们与市场环境和企业发展战略相匹配。

（三）外部资源的整合与利用

在当今全球经济一体化的大背景下，企业所处的外部环境日益复杂多变。这种变化不仅给企业带来了新的市场机遇，而且给企业带来了前所未有的挑战。因此，企业在制订创新战略时必须充分考虑外部环境的变化和市场需求的特点，以应对市场的快速变化和竞争压力。

首先，企业需要密切关注外部环境的变化，特别是与自身业务相关的行业和市场动态。通过及时获取和分析外部信息，企业可以更好地了解市场趋势和未来发展方向，从而为自身的创新活动提供方向和指引。例如，随着技术的不断进步，企业需要紧跟行业技术发展的步伐，将新技术引入自身的产品和服务中，以满足市场的需求。

其次，企业需要充分利用外部资源来支持自身的创新活动。这包括与供应商、渠道商和其他合作伙伴建立稳定的合作关系，共同应对市场的挑战和机遇。

与供应商合作，企业可以获得高品质的原材料和零部件，为产品研发提供物质保障；与渠道商合作，企业可以将产品快速推向市场，扩大市场份额；与其他合作伙伴合作，企业可以共同研发新技术、开发新产品，实现资源共享和优势互补。

（四）领导力的支持和引导

在当今复杂多变的市场环境中，企业的领导力对于推动协同演化、提升竞争优势起到了重要作用。领导者作为企业的决策者和引路人，其远见卓识和决策能力对于企业的战略方向和未来发展具有决定性的影响。

首先，领导者需要具备远见卓识，能够预见市场未来的发展趋势和竞争态势。这种前瞻性的视野使企业能够提前布局，制订出符合未来发展方向的创新战略。通过正确的战略引导，企业能够抢占市场先机，获得长期的竞争优势。

其次，领导者需要具备卓越的决策能力。在市场竞争中，决策的正确与否往往决定了企业的成败。领导者需要在复杂多变的环境中做出明智的决策，引导企业应对各种挑战和机遇。这种决策能力不仅需要领导者具备丰富的经验和知识，而且需要他们具备冷静的头脑、果断的判断力和勇于承担风险的精神。

再次，领导者需要关注员工的成长和发展。在知识经济时代，员工是企业最重要的资产，也是企业创新活动的主要推动者。领导者应为员工提供更多的培训和学习机会，帮助他们提升技能和能力，激发他们的潜力和创造力。通过关注员工的成长，企业能够建立一支高素质、有活力的团队，为企业的持续创新和发展提供源源不断的人才支持。

最后，领导者需要具备良好的沟通能力、协调能力、激励能力。他们需要与员工进行有效地沟通，确保信息的畅通和协同工作的顺利进行。同时，他们还需要协调各方面的资源，确保企业的创新活动得到充分的支持和保障。通过激励员工，领导者能够激发团队的工作热情和创新精神，推动企业不断向前发展。一个优秀的领导者不仅能够制订正确的战略、做出明智的决策，而且能够凝聚人心、引领团队共同前行。他们的影响力渗透到企业的每一个角落，影响着每一个员工的思维和行为方式。这种强大的领导力使得企业能够在市场竞争中立于不败之地，实现可持续发展。

参考文献

［1］彭永涛，朱俊洁．数字经济背景下物流企业竞争优势提升路径：基于模糊集定性比较分析［J］．商业经济研究，2024，（01）：95-100.

［2］田地．五力模型视角下绿色智力资本与企业竞争优势的实证研究［J］．科技创业月刊，2023，36（S1）：128-131.

［3］于良春，姜娜娜．公平竞争审查制度能否缩小企业内部薪酬差距？［J/OL］．财经问题研究，1-13［2024-01-11］.

［4］胡查平，任茜婷．制造业企业何以能成功构建服务化竞争优势：基于企业关键资源与企业独特能力视角的多案例分析［J］．管理案例研究与评论，2023，16（06）：761-778.

［5］刘正．企业市场营销中的服务竞争策略研究［J］．商场现代化，2023，（24）：57-59.

［6］胡迪．企业应树立竞争战略强化营销培训管理创新［J］．现代企业，2023，（12）：64-66.

［7］周煜皓，高子涵，杨硕．产品市场竞争与企业创新效率的影响机制研究［J］．山东工商学院学报，2023，37（06）：62-70.

［8］张华，顾新．供应链数字化与制造企业竞争优势的关系研究：供应链弹性的中介效应［J/OL］．中国管理科学，1-17［2024-01-11］.

［9］李文婷．全球化背景下的国际税收规划与企业竞争优势［J］．时代金融，2023，（12）：61-63.

［10］王洁．企业数据"三权分置"的内涵思考及其竞争法意义［J］．竞争政策研究，2023，（06）：73-81.

［11］刘伟．公平竞争视野下的平台型企业政府补贴：困境、边界与优化［J］．财经理论与实践，2023，44（06）：77-84.

［12］王雄元，秦江缘．创新竞争与企业高质量创新模式选择：来自专利被无效宣告的经验证据［J］．经济研究，2023，58（11）：80-98.

［13］王伟．企业战略新兴市场培育机制探讨［J］．水电站设计，2023，39（03）：56-59.

［14］彭思雨．网络安全企业抢滩新兴市场［N］．中国证券报，2023-09-13（A06）.

［15］苟琴，苏小湄，谭小芬．美国货币政策对新兴市场的溢出效应：跨国企业渠道［J］．世界经济，2023，46（07）：27-55.

［16］李雪．心理距离与新兴市场企业对外直接投资［J］．国际商务财会，2023，（13）：31-34+47.

［17］王林．新兴市场ESG投资热情不减［N］．中国能源报，2023-02-06（014）.

［18］张璐，张建江．新兴市场跨国企业国际化战略分析［J］．山西广播电视大学学报，2022，27（03）：106-109.

［19］张超敏，张双才．"双重劣势"情境下中国企业如何在海外新兴市场构建机会：基于网络理论的纵向案例研究［J］．河北大学学报（哲学社会科学版），2022，47（05）：139-152.

［20］冯天楚，罗慧怡，朱梓涵．新兴市场国际化、股票流动性与企业创新［J］．财务管理研究，2022，（09）：83-87.